Antoine de la Fère

Die Nacht am Feuer
Die Vorgeschichte

Der Kampf im Schwarzen Wald

EK-2 Militär

Die Nacht am Feuer
Die Vorgeschichte
Der Kampf im Schwarzen Wald

Keine Neuveröffentlichung mehr verpassen! Der Newsletter von EK-2 Militär

Tragen Sie sich in den Newsletter von *EK-2 Militär* ein, um über aktuelle Angebote und Neuerscheinungen informiert zu werden und an exklusiven Leser-Aktionen teilzunehmen.

Als besonderes Dankeschön erhalten Sie **kostenlos** das E-Book »Die Weltenkrieg Saga« von Tom Zola. Enthalten sind alle drei Teile der Trilogie.

Klappentext: Der deutsche UN-Soldat Rick Marten kämpft in dieser rasant geschriebenen Fortsetzung zu H.G. Wells »Krieg der Welten« an vorderster Front gegen die Marsianer, als diese rund 120 Jahre nach ihrer gescheiterten Invasion erneut nach der Erde greifen.

Deutsche Panzertechnik trifft marsianischen Zorn in diesem fulminanten Action-Spektakel!

Jetzt in den Newsletter einschreiben und Geschenk sichern:

Link zum Newsletter:
https://ek2-publishing.aweb.page

Über unsere Homepage:
www.ek2-publishing.com
Klick auf *Newsletter* rechts oben

Via Google-Suche: *EK-2 Verlag*

Ihre Zufriedenheit ist unser Ziel!

Liebe Leser, liebe Leserinnen,

zunächst möchten wir uns herzlich bei Ihnen dafür bedanken, dass Sie dieses Buch erworben haben. Wir sind ein kleines Familienunternehmen aus Duisburg und freuen uns riesig über jeden einzelnen Verkauf!

Mit unserem Label *EK-2 Militär* möchten wir militärische und militärgeschichtliche Themen sichtbarer machen und Leserinnen und Leser begeistern.

Vor allem aber möchten wir, dass jedes unserer Bücher **Ihnen ein einzigartiges und erfreuliches Leseerlebnis** bietet. Daher liegt uns Ihre Meinung ganz besonders am Herzen!

Wir freuen uns über Ihr Feedback zu unserem Buch. Haben Sie Anmerkungen? Kritik? Bitte lassen Sie es uns wissen. Ihre Rückmeldung ist wertvoll für uns, damit wir in Zukunft noch bessere Bücher für Sie machen können.

Schreiben Sie uns: info@ek2-publishing.com

Nun wünschen wir Ihnen ein angenehmes Leseerlebnis!

Jill & Moni
von

EK-2 Publishing

Hinweis

Dieser Roman spielt hauptsächlich in der heutigen Schweiz. Auch ist der Autor Schweizer. Für maximale Authentizität folgt der Text den Regeln der Schweizer Rechtschreibung; so gibt es beispielsweise kein ß und die Guillemets (französische Anführungszeichen) bei wörtlicher Rede werden *umgekehrt* dargestellt: «» Das heißt, aus Sicht eines Deutschen oder Österreichers sind sie umgekehrt dargestellt. Für Schweizer ist ihre Darstellung in diesem Buch üblich.

«Die Geschichte ist aus den schlechten Handlungen ausserordentlicher Menschen zusammengesetzt.»
(Thomas Babington Macaulay)

Für Beat, Luca und Mike.
Danke für Eure Freundschaft

Kapitel I

Eins. Zwei. Drei. Vier. Fünf.

Er zählte die Türme der befestigten Stadt ein weiteres Mal. Doch er fand in den Befestigungen immer noch keine Schwachstelle. Die Stadt war in Gänze mit einer hohen, starken, aus grossen Steinen errichteten Ringmauer umgeben, gekrönt von Zinnen und unterbrochen von den fünf Wehrtürmen, die jeweils eine der vier Himmelsrichtungen überblickten. Nur die südliche Seite, diejenige zum Fluss hin, verfügte über zwei Türme.

Drei der fünf Türme waren halbkreisförmig angelegt, derjenige nach Norden und der an der südlichen Mauer waren viereckig. Es gab keinen Zwinger, also keine innere und äussere Mauer wie in anderen Städten oder Burgen, jedoch einen kleinen Wehrgraben, welchen die Verteidiger mit eisernen Spitzen und Nägeln versehen hatten. Und der gesamte südliche Teil der Mauer grenzte direkt an den Fluss.

Er seufzte tief.

Matthias spürte eine Bewegung neben sich, sah sich um. Es war Hauptmann Hans Waldmann. Dessen Gesichtsausdruck war angespannt, genau wie der seines Untergebenen.

«Und? Was meinst Du?», fragte der Hauptmann und Oberbefehlshaber des Stadtzürcher Kontingents. «Ist es machbar?»

Matthias presste die Lippen zusammen, überlegte, was er antworten sollte, sagte dann aber nur ganz kurz angebunden: «Nein!»

Waldmann zog die Brauen in die Höhe und Matthias beeilte sich zu erklären: «Die Mauer ist ziemlich hoch und um einiges dicker, als ich sie in Erinnerung hatte, und das Tor wurde verstärkt, da ist auch kein Durchkommen. Dazu sind die fünf Türme gut platziert. Eingedenk des Flusses, von dessen Seite her auch kein Ansturm durchgeführt werden kann, sind das mehr als genug Abwehrbefestigungen, um Angriffe aus jeglicher Richtung parieren zu können. – Und eben, der Fluss Rhein macht es nicht einfacher. Da ist das Ufer einfach zu steil und das Wasser zu breit und zu tief.»

Der Hauptmann nickte leicht, überlegte. Auch er blickte in Richtung der Stadt Waldshut.

«Und was würdest Du vorschlagen?», fragte er schliesslich.

Matthias sah seinen Vorgesetzten direkt an.

«Ich habe das nicht zu entscheiden, Hauptmann.»

«Sag es mir trotzdem.»

«Belagerung.»

«Belagerung?» Hans Waldmann fuhr sich mit der Hand durch seine wild abstehenden Haare, versuchte sie erfolglos zu bändigen. Er atmete hörbar aus. «Belagerungen sind mühsam.»

«Das weiss ich, Hauptmann. Aber ein direkter Ansturm ergibt keinen Sinn. Wie gesagt, dafür sind die Befestigungen der Stadt einfach zu gut ausgebaut.» Matthias wandte den Blick von Waldmann ab und sah wieder in Richtung von Waldshut, rümpfte seine Nase. «Ein Sturm auf die Stadt würde zu vielen eigenen Verlusten führen. Wir könnten nur von drei Seiten her angreifen und das würde unsere Truppenstärke reduzieren.» Er zuckte mit den Schultern. «Ich würde sie zuerst mal aushungern. Irgendwann geht ihnen dann das Essen aus. Und man müsste sie unbedingt vom Wasser abschneiden. Es ist Sommer, das Wetter so richtig heiss, und sie benötigen eine Menge davon.» Er zog eine Grimasse. «Wer weiss, vielleicht ergeben sie sich dann und es könnte somit viel Blutvergiessen verhindert werden.»

Er drehte sich wieder zu Hans Waldmann hin, welcher aber an ihm vorbei immer noch zur Stadt sah.

Der Hauptmann nickte.

«Genau das habe ich den anderen Hauptleuten ebenfalls gesagt.»

«Und?»

«Na ja ...» Des Hauptmanns Antwort wurde von einer Grimasse begleitet. «Alle sehen es ähnlich.»

Matthias lächelte leicht schief. «Hört sich aber nicht wirklich nach *alle* an.» Er schien zu ahnen, was als Antwort kommen würde.

Hans zuckte mit den Schultern.

«Du kennst Von Diesbach und die Berner. Alles, was von der Stadt Zürich kommt, ist für ihn zuerst einfach mal nur

Pferdemist.» Auch Waldmann lächelte leicht. «Aber er hatte meinen Argumenten nicht wirklich etwas entgegenzusetzen. Er ist nicht dumm und weiss, dass es die einzige Möglichkeit ist, ohne grosse eigene Verluste die Stadt einzunehmen.»

Die Sonne ging langsam unter und tauchte die Landschaft und die Mauern der vor ihnen liegenden Stadt in rotes, warmes Licht. Die Luft flimmerte von der Hitze. Es stank nach Sommer, Wärme und zu vielen Männern auf zu engem Raum. Es schwirrten Mücken umher und Grillen zirpten im hohen Gras. Matthias sah in den Himmel, doch es war nur ein tiefes, langsam sich rot färbendes Blau zu erkennen.

Sie standen eine Weile schweigend nebeneinander, sahen unentwegt in Richtung Waldshut. Es dunkelte und im Lager hinter ihnen wurden Fackeln und Feuer entzündet. Auch auf den Wehrgängen der Stadt leuchteten Lichter und die Flammen spiegelten sich in den Harnischen und Helmen der patrouillierenden Verteidiger wider, welche von hoch oben auf der Mauer zu dem Heer der Eidgenossen herabblickten.

Matthias war froh um den Einbruch der Nacht. Die Eidgenossen hatten an diesem Tag ihre Steinbüchsen in Stellung gebracht und seit dem Nachmittag feuerten diese unentwegt ihre grossen, schweren Steingeschosse auf die Stadt ab, was ihm jetzt schon ziemlich auf die Nerven ging, auch wenn er wusste, dass dies unumgänglich war. Doch endlich, mit dem Einbruch der Nacht, schwiegen die lauten Waffen und eine wohltuende Stille kehrte ein. Nur die normale Geschäftigkeit des Heerlagers hinter ihnen war noch zu vernehmen.

«Und, was machen wir jetzt?», fragte Matthias und Waldmann grinste zur Antwort, dann schlug er ihm eine Hand auf die Schulter.

«Gebratenes Huhn, der restliche Linseneintopf von gestern und dazu ein frisches Fass Wein.» Der Hauptmann lachte immer noch, doch dann wurde er urplötzlich ernst.

«Ich habe für Dich einen ...» Hans stockte, suchte nach dem richtigen Wort. «... speziellen Auftrag», beendete er schliesslich den Satz. Matthias runzelte die Stirn, fragte aber nicht weiter nach. Er wusste, sein Hauptmann würde es ihm schon noch erklären.

11

Dieser nahm ihn am Arm und zog ihn zurück in Richtung des Zürcher Lagers, welches auf der nördlichen Seite der Stadt Waldshut lag, gleich neben demjenigen der Berner. Auf der anderen, der südlichen Seite, am fernen Ufer des Flusses Rhein, lag das Heerlager der zugewandten Orte. Jener Orte, welche nicht zum Bund der Eidgenossenschaft gehörten. Männer aus Dörfern wie Solothurn, Schaffhausen oder Sankt Gallen biwakierten dort.

«Los komm, ich sterbe vor Hunger.»

Die beiden Männer kannten sich bereits seit über zehn Jahren. Hans Waldmann war zu dem Zeitpunkt Fähnrich im Zürcher Heer und Matthias Reisläufer, also ein einfacher Söldner, gewesen. Beide hatten sich durch aussergewöhnliche Taten im Krieg im Thurgau und um die Stadt Konstanz hervorgetan, der spätere Hauptmann durch seine taktisch klugen Entscheidungen, Matthias durch seinen Mut und sehr gute Fähigkeiten mit dem Schwert. Als Waldmann bei einem der Scharmützel seinem Gegner unterlag und dieser zum fatalen Schlag ausholte, kam ihm Matthias zu Hilfe. Er stellte den feindlichen Kämpfer in einem erbitterten, brutal geführten Zweikampf und, obwohl er dabei heftig verwundet wurde, besiegte ihn schliesslich.

Hans nahm den jungen Söldner, der ihm das Leben gerettet hatte, unter seine Fittiche. Er lehrte ihn das Lesen und Schreiben, außerdem die französische Sprache. Er nahm ihn in seinen inneren Zirkel auf und sorgte dafür, dass Matthias durch Aufträge ein gutes Einkommen erhielt. Dieser dankte es dem Hauptmann mit seiner Treue.

Über die Jahre bildete sich eine tiefe Freundschaft und vor allem viel gegenseitiges Vertrauen, wenngleich die beiden Männer auch in ihrem Wesen grundverschieden waren. Während Matthias auf der einen Seite meistens ruhig und in sich zurückgezogen blieb, hatte Hans ein lautes und aufbrausendes, teilweise fast jähzorniges Wesen. Er ging keinem Streit aus dem Weg und oft war es Matthias, welcher dank seines kühlen Kopfes grössere Eskalationen verhindern konnte. Dafür lernte dieser viel über militärische Taktik, Kriegsführung, Kalkül und die Führung von Männern. Waldmann folgte in diesen Punkten meist seinem Instinkt, der ihn nie im Stich liess.

So ergänzten sie sich gut und konnten voneinander profitieren.

Sie stammten beide nicht aus der Stadt, sondern aus ländlichen Gegenden. Während Waldmann aus einem gut situierten Haus kam, wenn auch nicht von adligem Stand, war Matthias in eine Familie des niederen Adels hineingeboren worden.

Seine Eltern führten ein Gehöft. Dieses war jedoch über mehrere Generationen niedergewirtschaftet worden, so dass seine Familie bei seiner Geburt bereits in bitterer Armut lebte und Matthias' Vater den Hof letztendlich selbst bestellen musste. Als dieser früh verstarb, übernahmen seine beiden älteren Brüder das Gehöft. Seine Brüder wollten kein weiteres Maul durchfüttern müssen, und Matthias beschloss, sich als Reisläufer zu verdingen.

Er ging als junger Mann im Streit mit seiner Familie und kehrte nie wieder zurück.

* * *

Sie sassen auf roh gezimmerten, kurzen Schemeln. Ein kleines, altes und ausrangiertes Bierfass diente ihnen als Tisch und war zwischen den beiden Männern aufgestellt. Neben ihnen brannte ein grosses Feuer, das Licht und Wärme spendete. Auf die Hitze der Flammen hätte Matthias gut verzichten können; das Wetter im Hochsommer des Jahres 1468 war aussergewöhnlich gut und heiss. Aber er beklagte sich nicht. Schliesslich kühlte die Nacht die Luft im Lager langsam herunter, dazu war das Hähnchen gut und der Wein reichlich.

Matthias nagte die letzten Fleischreste von den kleinen Knochen, danach schmiss er diese achtlos ins Gras neben Waldmanns hellbraunes Zelt und der Hauptmann tat es ihm gleich. Dann füllte Matthias beide Becher bis obenhin wieder mit Wein und wartete geduldig darauf, dass Waldmann etwas sagte.

Dieser nahm einen tiefen Schluck. Er stellte seinen Becher wieder auf das umgedrehte Fass und sah sich um. Überall sassen Kämpfer einzeln oder in kleinen Gruppen vor ihren Zelten, assen, tranken und lachten. Ein paar Zelte weiter sangen fünf Männer ziemlich schief, einer spielte dazu ebenso schlecht auf einer Fidel. Doch der Stimmung tat dies keinen Abbruch.

Matthias ging etwas die Geduld aus.

«Ihr wolltet noch etwas von mir, Hauptmann.»

Waldmann nahm seinen Becher, trank noch einen Schluck, platzierte ihn dann wieder neben dem von Matthias auf dem Fass. Der Hauptmann stützte sich mit den Ellbogen auf seinen Oberschenkeln ab und sah sein Gegenüber von unten her an.

«Ich habe bei den Oberen der Stadt Zürich eingebracht, Dich endlich in den Rang eines Kapitäns zu ernennen.»

«Zum Kapitän?» Matthias schüttelte den Kopf. «Aber dafür bräuchte ich eigene Männer. So ist es bestimmt.»

«Dem ist so», pflichtete ihm Waldmann bei.

«Doch wie Ihr wisst, habe ich diese nicht.» Er machte eine Pause. «Und ich kann mir diese auch nicht leisten.»

Der Hauptmann lächelte leicht.

«Das weiss ich doch.»

«Und trotzdem habt Ihr mich vorgeschlagen? Wie soll das gehen?»

«Das hat mich unser stellvertretender Hauptmann, Eberhard Ottikon, auch gefragt.»

«Und was habt Ihr ihm gesagt?»

«Dass ich Dir einen etwas speziellen Auftrag erteilen werde. Und deshalb auch für die Besoldung zuständig sein werde.»

Matthias zog seine Augenbrauen zusammen und sah seinen Vorgesetzten scharf an.

«Ihr sagtet etwas von einem Auftrag. Aber was für einen?»

Waldmann füllte erneut seinen Weinbecher aus der am Boden neben ihnen stehenden Karaffe, hob seinen Becher in die Höhe und trank einen tiefen Schluck.

«Ich will, dass Du einen speziellen Trupp zusammenstellst», begann er dann zu erklären. «Stell uns eine Gruppe von etwa zehn bis fünfzehn Mann zusammen.» Hans nickte, während er sprach, sah dabei Matthias an. «Nimm die besten Kämpfer, die Du finden kannst. Schwör sie auf Dich ein. Sie müssen Dir bedingungslos folgen, aber auch gebildet genug sein, Aufträge selbstständig ausführen zu können.» Er atmete einmal tief ein und wieder aus. «Sie müssen Erfahrung im Kampf besitzen. Aber das Wichtigste wird sein, dass sie Dir gegenüber völlig loyal sind.»

Matthias verstand nicht ganz.

«Und wofür das Ganze?»

«Hör zu, ich will eine Schar haben, die spezielle, manchmal sicher auch ungewöhnliche und möglicherweise sehr gefährliche Aufträge ausführen kann.» Er legte wieder eine Pause ein, fuhr dann weiter: «Einen Trupp, auf welchen wir im Bedarfsfalle schnell zugreifen können, ohne dass wir lange Männer aussuchen und rekrutieren müssen. Eine Einheit, die immer bereit ist und auch Dinge erledigen kann, zu welchen die normalen Kämpfer hier», er zeigte mit dem Arm auf die umliegenden Zelte, «nicht fähig sind. Zu dem sie vielleicht auch nicht den Mut haben.»

Waldmann sah Matthias an, wartete auf eine Antwort.

Doch Matthias blieb lange stumm.

«Was sagst Du?»

«Warum ich?»

Der Hauptmann lächelte wieder.

«Weil ich mich auf Dich verlassen kann. Weil ich in Dir ein Potential sehe, das ich in all unseren Reihen sonst nirgends erkennen kann. Weil ich weiss, dass Du nicht nur ein grosser Kämpfer bist, sondern auch ein Mann, welcher strategisch denkt.» Er machte eine Pause, um seinen Worten Gewicht zu verleihen. «Und weil ich weiss, dass Du loyal bist. Loyal der Stadt Zürich gegenüber. Und mir.»

Waldmann richtete sich auf, nahm wieder seinen Becher und besah ihn sich, als wäre dieser einfache Zinnbecher etwas Besonderes.

«Was sagst Du?», fragte er nochmals.

Matthias schwieg, überlegte lange. Schliesslich nickte er.

«Euer Vertrauen ehrt mich, Hauptmann. Und ich danke Euch dafür.»

Hans Waldmann nickte ebenfalls, musterte Matthias jetzt wieder.

«Mein Freund, wir kennen uns schon zu lange, als dass Du mir danken müsstest. Du hast mir damals das Leben gerettet und das werde ich Dir nie vergessen.»

«Ihr habt mir dies schon um das Tausendfache vergolten, Hauptmann. Ohne Euch sässe ich jetzt nicht hier.»

Waldmann sah ihn ernsten Blickes an.

«Ich auch nicht, Matthias! Ich aber auch nicht.»

Eine Stille breitete sich zwischen den beiden Männern aus, welche schliesslich der Hauptmann brach: «Eine Bedingung habe ich jedoch noch: Du wirst vielleicht nicht genug Männer finden in den Reihen des Zürcher Heeres, in unseren eigenen Reihen. Also wirst Du auch in den Truppen unserer verbündeten Orte suchen müssen. Aber ich will keine Kämpfer aus den zugewandten Orten. Die gehören nicht zu unserem Bund und es könnte sein, dass diese Orte bei sich verändernden politischen Bedingungen, bei Verwirrungen oder Ränkespielen uns plötzlich gegenüberstehen. Und ich will nicht, dass Du dann plötzlich Gegner in Deinen eigenen Reihen findest. Hörst Du! Keine Männer, welche nicht zu unserem eidgenössischen Bund gehören!»

«Gut, das verstehe ich.» Matthias sah Waldmann fragend an. «Aber was werden die anderen Hauptleute dazu sagen?»

Der Hauptmann grinste böse.

«Lass das nur meine Sorge sein. Ich bekomme das schon hin. Such Du die Männer aus. Sieh zu, dass Du wirklich die besten findest. Wir werden sie auch gut bezahlen, nicht nur den üblichen Sold. Sag ihnen das.» Erneut machte Hans Waldmann eine Pause. «Und nimm wirklich nur die besten Männer. Männer, bei denen Du Dir sicher sein kannst.»

Matthias sog die kühle Luft tief in seine Lunge, liess sie langsam wieder entweichen. Dann nahm er ebenfalls seinen Becher in die Hand und hielt ihn zwischen sein Gesicht und dasjenige des Hauptmanns. Dieser stiess mit dem eigenen Becher gegen den von Matthias.

«Ihr werdet nur mir unterstellt sein. Niemandem sonst!»

«Ich werde gleich morgen früh mit der Suche beginnen.»

Der Hauptmann lächelte, nickte dazu.

«Sehr gut.»

«Ich danke Dir, Hans.» Es war selten, dass Matthias den Hauptmann mit seinem Vornamen ansprach.

Dieser stiess seinen Becher nochmals gegen den von Matthias.

«Ich verlasse mich auf Dich, Kapitän Matthias von Altstetin.»

Beide tranken.

Die Belagerung nahm langsam ihren Lauf.

Ursprünglich wollten die Hauptleute der verschiedenen Heere eine sogenannte Unterminierung durchführen, wobei Stollen unter den Stadtbefestigungen gegraben wurden. Doch die Idee musste nach den ersten Versuchen wieder verworfen werden. Das Grundwasser und das Wasser des Rheins, der gleich neben der Stadt entlangfloss, liessen dies nicht zu.

Also begannen sie eine klassische Belagerung. Dafür erbauten sie Schutzvorrichtungen und Schanzkörbe, dazwischen wurden die aus Eisen oder Bronze gegossenen Steinbüchsen positioniert. Sie fällten Bäume, welche entastet und zu hölzernen Palisaden zusammengebunden oder zu zugespitzten Pfählen verarbeitet wurden, die sie in den Boden rammten. Aus unzähligen Weidenruten bauten andere Söldner grosse, mannshohe Körbe und füllten diese mit Erde. Diese Körbe sollten vor allem die Besatzungen der Steinbüchsen schützen, damit sie unbehelligt die Beschiessung der Stadtbefestigungen vornehmen konnten.

Jene Büchsen befanden sich seit Beginn der Belagerung im Einsatz und die Männer, welche die Waffen bedienten, wurden entsprechend von der Stadtmauer aus mit Pfeilen von Langbögen und Schüssen aus Arkebusen eingedeckt.

Während die Heere mit Bauarbeiten beschäftigt waren, begab sich Matthias auf die Suche nach geeigneten Männern für seine Truppe. Er besah sich einzelne Kämpfer, sprach mit ihnen, prüfte ihr taktisches Denken, fragte nach ihrem eigentlichen Beruf wie auch ihrer Motivation, wobei sie fast ausnahmslos nur wegen des Soldes in den Kampf zogen, und stellte sie dann jeweils in einem Zweikampf. Über die eigentlichen Hintergründe seiner Suche liess er die möglichen Kandidaten so lange im Dunkeln, bis er sich sicher war, den Kämpfer auch wirklich in seinen Trupp aufnehmen zu wollen.

Er suchte Männer mit verschiedenen Stärken heraus. Alle sollten sie gute Schwertkämpfer sein. Doch während die einen mit Langschwertern in den Kampf zogen, kämpften andere mit gleich zwei Schwertern oder einem zusätzlichen Messer. Auch fand er einen hervorragenden Langbogenschützen.

Dazu suchte Matthias noch jemanden, der mit einer Axt oder einem Morgenstern umgehen konnte, fand zu seiner

Enttäuschung aber niemanden. Der Morgenstern galt bei den allermeisten als unehrenhaft, und diejenigen, die sie noch verwendeten, waren Matthias einfach nicht gut genug. Und Äxte waren eine Waffe der alten Nordmänner und wurden in den Heeren der eidgenössischen Orte höchstens noch von Bauern verwendet, die sich kein Schwert leisten konnten und nur im Heer dienten, um sich mit dem Sold einen Nebenverdienst zu ergattern. Solche Männer kamen für Matthias nicht in Frage.

Der Kapitän schwor die Kämpfer ein, wie es ihm Hauptmann Waldmann geheissen hatte, und löste sie somit aus ihren Verpflichtungen ihrer eigentlichen Heerführer. Er versprach ihnen einen Sold, der bis zu zwei Mal höher ausfiel, als ihnen von den Orten und Städten sonst bezahlt wurde, und er würde ihnen eigene Zelte und zusätzliche Ausrüstung besorgen. Und Pferde für jeden einzelnen von ihnen.

Keiner verneinte Matthias' Anfrage.

Keiner von ihnen stellte Fragen.

Nach einer Woche hatte Matthias zehn Männer unter seinem Kommando. An diesem Abend sassen er und Hans Waldmann vor dessen Zelt. Wie immer stand eine gut gefüllte Karaffe mit Wein neben ihnen, ihre Becher auf dem Fass zwischen ihnen waren voll.

«Wie viele Männer hast Du bisher?», fragte der Hauptmann und Matthias antwortete mit müder Stimme: «Zehn.» Er hatte mit seinem Trupp den gesamten Tag geübt und war dementsprechend abgekämpft.

«Mit Dir zusammen sind es also elf.» Waldmann überlegte einen Moment. «Das genügt mal fürs Erste.»

«Ich wollte noch einen Kämpfer mit einer Axt oder einem Morgenstern, konnte aber niemanden finden, der gut genug war.»

«Was willst Du mit einer Axt?» Waldmann lachte kurz höhnisch auf. «Ihr seid keine Nordmänner.»

Auch musste Matthias schmunzeln. «Das stimmt wohl. Aber ein schneller Mann mit einer grossen Axt lehrt jeden Schwertkämpfer das Fürchten.»

«Dafür müsste er aber äusserst schnell sein, schneller als die Klinge seines Gegners.»

Matthias verzog sein Gesicht. «Darum habe ich ja auch niemanden finden können. Ein paar hatten Kraft wie ein Bär, waren aber zu langsam. Doch die meisten hatten nicht mal das.» Er schüttelte den Kopf, verzog das Gesicht. «Aber dafür haben wir einen exzellenten Bogenschützen mit dabei.»

Jetzt war es an Hans zu schmunzeln. «Bogenschützen sind gut. Warum nur den einen?»

«Es gab keinen sonst, der neben dem Bogen auch noch mit dem Schwert gut umgehen konnte.» Er zuckte mit den Achseln. «Deshalb mal nur diesen einen.»

Waldmann nickte, starrte ins Feuer neben ihnen, sagte jedoch nichts.

Matthias trank von seinem Wein, aber dieser war sauer und er zig eine Grimasse.

«Habt Ihr bereits einen Auftrag für uns, Hauptmann?», fragte er dann.

Hans Waldmann blickte hoch. «Wir müssen zuerst abwarten, wie sich die ganze Sache hier weiterentwickelt. In der Nacht auf gestern wurde versucht, von der Stadt Laufenburg aus nach Waldshut zu gelangen, um zu verproviantieren. Sie versuchten mit einer kleinen Truppe unsere Reihen zu umgehen, aber die Wachen haben sie entdeckt und schliesslich zurückgedrängt.»

«Das habe ich gehört. Der verdammte Lärm hat mich aus dem Schlaf gerissen.»

«Ja, mich ebenfalls. Aber es ist gut, dass es ihnen nicht gelungen ist. Das haben die Luzerner mal endlich richtig gemacht.» Waldmann atmete einmal tief ein und wieder aus. «Aber das zeigt mir, dass die Stadt schon nach einer Woche der Belagerung in Problemen ist. Es geht ihnen das Fressen und das Schiesspulver aus.» Er lachte böse, nahm sich einen Schluck Wein. «Und das Saufen.»

Matthias nickte zustimmend.

«Darum werden auch die Schüsse der Verteidiger weniger.»

«Dem ist so. Und die Stadt leidet unter unseren Mörsern und Steinbüchsen.»

«Nicht nur die», brummte Matthias und Waldmann sah ihn stirnrunzelnd an.

«Der ewige Lärm geht mir ganz schön auf die Nerven», erklärte Matthias. «Jede Stunde, den gesamten Tag über, von Sonnenaufgang bis Untergang dieser Lärm, Gestank und Rauch.»

Waldmann lachte spöttisch auf. «Du bist noch von gestern, Matthias. Heute gibt es nicht nur Schwerter, Hellebarden und Äxte. Dem Schiesspulver gehört die Zukunft. Siehst Du die Schäden, die diese verfluchten Steinkugeln in der Stadtbefestigung hinterlassen? Die sind nicht ohne. Und kannst Du Dir vorstellen, wie der Lärm für die Stadtbewohner sein muss? Die wünschen uns jeden Tag Tod und Teufel.» Er lachte erneut, wiederum spöttisch. Dann wurde er ernst. «Ihr kriegt schon eine Möglichkeit, Euch zu bewähren. Vielleicht werden sie erneut versuchen, irgendwie in diesen stinkenden, befestigten Steinhaufen von Stadt zu gelangen.»

«Und wann wollen wir stürmen? Wenn sie versuchen, Proviant hineinzubringen, dann wird es Zeit.»

Waldmann nickte heftig. «Das sehe ich ebenso. Wir haben ja nicht nur die Versorgungswege abgeschnitten, sondern die Quellen und Bäche, die in die Stadt führen, umgeleitet. Wasser werden sie auch nicht mehr allzu viel haben.»

«Und was sagen die anderen Hauptleute? Vor allem, sehen das die Berner ebenso? Ich habe da meine Zweifel.»

«Von Diesbach, meinst Du? Er mag mich nicht.» Waldmann lachte bösartig. «Der Hund kann mich nicht ausstehen.»

Matthias zuckte mit den Schultern. «Ihr seid Euch ähnlicher, als Ihr denkt.»

Waldmanns Gesichtsausdruck änderte sich schlagartig. «Du willst mich wohl beleidigen?»

Der frischgekürte Kapitän schmunzelte; er wusste, dass sein Hauptmann nur den Schausteller spielte. Tatsächlich begann Waldmann sogleich wieder zu grinsen.

«Wahrscheinlich hast Du recht. Ich weiss auch nicht, ob es wirklich an mir liegt, oder ob den Bernern die Stadt Zürich in der letzten Zeit einfach zu mächtig geworden ist.»

Matthias seufzte. «Das könnte auch sein. Oder er mag Dich einfach wirklich nicht, Hans.» Jetzt lächelte auch er.

«Und wenn schon», brummte Waldmann. Er trank einen Schluck Wein, verzog das Gesicht ob des sauren Geschmacks und kippte sich den Rest trotzdem noch in den Rachen. «Damit setzen wir uns auseinander, wenn wir die Stadt eingenommen haben.»

Kapitel II

«Beschuss!», schrie jemand und alle im Lager duckten sich.

Waldmann, über den Kartentisch gebeugt, sah auf. Ansonsten reagierte er nicht im Gegensatz zu den anderen Hauptleuten, welche sich allesamt in den Staub warfen.

Auch Matthias, der sich hinter seinem Hauptmann befand, blieb einfach stehen und reagierte nur mit einem Stirnrunzeln. Er wartete auf den dumpfen Knall und die Schreie von Verletzten und Sterbenden, welche dem Einschlag des Geschosses normalerweise folgten.

Aber nichts davon war zu hören.

Matthias legte den Kopf schief, sah zwischen den Männern am Boden und Waldmann hin und her. Der Hauptmann schüttelte den Kopf, sah zweifelnd in die Richtung, aus der der Ruf erschallt war.

«Was sollte das denn?» Matthias machte ein fragendes Gesicht.

«Das war kein Beschuss.» Waldmanns Stimme klang verärgert. «Steht auf, meine Herren. Was sollen eure Männer von Ihnen denken?»

Es verging ein Moment, dann rappelten sich alle um den Tisch herum wieder auf, klopften sich den Staub von den Kleidern und sahen einander fragend an.

Von Diesbach warf seine Hände in die Höhe. Dann sah er Matthias an. «Kapitän, sehen Sie nach, was da los war.»

Matthias wollte keinem Befehl des Berners folgen, blickte deshalb zu Waldmann, doch dieser nickte und Matthias drehte sich um und begab sich auf den Weg.

Es war nur gerade eine Stunde vergangen, da waren sich alle der Hauptleute einig.

Jedenfalls fast alle.

Hans Waldmann hatte am Morgen gegen den Willen des stellvertretenden Hauptmanns der Zürcher Truppen, Eberhard Ottikon, alle Hauptleute zu einer Beratung einberufen.

Waldmann, mit seinem wallenden, gepflegten Bart und den wie immer in alle Richtungen zeigenden Haaren, stützte sich mit den Fäusten auf dem langen Tisch ab, welcher auf einem offenen Platz zwischen dem Lager der Berner Truppen und demjenigen der Zürcher aufgestellt worden war. Es gab keine Stühle um den Tisch, dafür lagen viele Papiere mit Notizen, Skizzen und Karten darauf, alle mit der Stadt Waldshut und der Belagerung derselben zusammenhängend.

Eberhard Ottikon stand neben Waldmann. Ihm war anzusehen, dass er die Idee dieser Zusammenkunft für alles andere als zielführend empfand. Der Zweite Züricher Hauptmann ahnte sicherlich, dass die Berner sich mit Händen und Füssen gegen ihre Pläne wehren würden. Und er kannte Waldmanns Art. Dieser war nicht dafür bekannt, Konzessionen einzugehen, wenn er mal von einem Plan überzeugt war. Vor allem, wenn es sein eigener Plan war. Zurecht befürchtete er Streit. Und Matthias musste Ottikon recht geben. Auch er ahnte, dass diese Zusammenkunft kaum mit Einigkeit enden würde.

Er stand hinter Waldmann und Ottikon, als Petermann Etterlin, Chronist und Hauptmann der Luzerner, am Tisch erschien. Der schlanke, blonde Mann lächelte die drei Zürcher an. Etterlin, seines Zeichens ein Weinschenk aus der Stadt an der Reuss, war strategisch kein grosses Genie und verliess sich gerne auf die Vorschläge von Waldmann. In ihm hatte dieser dafür einen verlässlichen Verbündeten. Und einen wichtigen dazu, da die Anführer der kleineren Orte der Eidgenossenschaft, also von Uri, Schwyz, Unterwalden und Glarus, sich normalerweise an den Luzerner Etterlin hielten.

Somit hatte der Zürcher Hauptmann die Mehrheit auf seiner Seite. Und die Mehrheit bestimmte im Falle einer Uneinigkeit.

Daran hielten sich die Eidgenossen streng.

Drei grimmig dreinblickende Männer betraten den Platz und marschierten auf die Gruppe am Tisch zu. Matthias verdrehte innerlich die Augen. Die Berner wurden angeführt von einem grossen, fettleibigen Mann namens Von Scharnachtal. Mit ihm zusammen kamen Peter von Wabern und Niklaus von Diesbach zum Tisch. Alle drei waren, für Matthias aus unbekannten Gründen, weder den Luzernern noch den Zürchern wohlgesonnen und er hatte sich schon mehrfach gefragt, warum das Heer der Stadt Bern überhaupt bei Waldshut kämpfte. Matthias hatte diese Frage auch schon Waldmann gestellt, doch nur ein Schulterzucken als Antwort erhalten. Jeder Vorschlag seitens der Stadt Zürich für einen Angriff auf Waldshut war von den Bernern immer zuerst abgelehnt worden und nur die Zustimmung und die Mehrheit der anderen Orte und Städte hatte die nötigen Stimmen gebracht.

«Was sollen wir hier, Waldmann?» Von Diesbachs Stimme war anzuhören, dass er die Beratung für völlig überflüssig hielt. Matthias rieb sein glattrasiertes Kinn, schüttelte dabei leicht den Kopf, was der Berner bemerkte und ihn dafür mit einem giftigen Blick tadelte.

Hans liess sich nicht aus der Ruhe bringen.

Er streckte sich, stand aufrecht.

«Die Stadt ist reif wie eine Frucht», begann er mit lauter Stimme, so dass ihn alle hören konnten, wurde aber sogleich von dem Berner Schultheiss unterbrochen: «Kommt zum Punkt!»

Von Diesbach blieb unhöflich, doch zu Matthias' Erstaunen liess sich der Zürcher Hauptmann nicht provozieren, obwohl er für sein explosives Temperament bekannt war.

«Die Stadt ist reif zum Sturm», begann Waldmann erneut, sprach immer noch besonnen, wenn auch laut. «Die haben nichts zu fressen, kein Wasser und kaum mehr Munition.» Er nahm einige Papiere in die Hände und besah sich kurz die Notizen, welche vor ihm lagen. «Der Beschuss aus der Stadt auf unsere Männer hat fast gänzlich geendet und die beiden gescheiterten Ausfälle haben gezeigt, dass sie dringend Proviant benötigen.»

«Woher wollt Ihr das wissen, Hauptmann? Das könnte auch andere Gründe gehabt haben.» Wenigstens zeigte Von Wabern den nötigen Anstand und sprach Waldmann mit seinem Titel an.

Einige der Männer am Tisch nickten.

«Warum hätten sie sonst die Ausfälle versuchen sollen?» Hans blickte die drei Berner mit erhobenen Augenbrauen an. «Es würde doch sonst absolut keinen Sinn ergeben, mit solchen Unterfangen Verluste zu riskieren.»

«Das könnt Ihr nicht wissen.» Von Diesbach sprach mit einem unüberhörbaren Spott in der Stimme und in Matthias kochte Wut hoch. Er hätte ihm am liebsten sein Schwert in den Rachen gerammt. Zu Beginn des Kriegszuges hatte er noch versucht, mit dem Berner Schultheiss anständig umzugehen, aber dessen unflätige Art hatte diese Versuche schnell ad absurdum geführt.

Matthias war eigentlich bekannt für sein ruhiges, eher kühles Wesen. Aber das Benehmen des Berner Schultheiss liess jedes Mal bei ihm etwas anklingen.

«Niemand riskiert das Leben seiner Männer, wenn es nicht wirklich schlecht steht.» Hans sprach immer noch ruhig, aber Matthias merkte auch ihm den steigenden Zorn an.

Von Diesbach spie auf den Boden und sagte dann: «Aber Ihr wisst es nicht.»

«Nein, aber …»

«Kein aber!» Jetzt klang ein triumphaler Unterton mit. «Ihr wisst es nicht! Und wenn wir stürmen und die Verteidiger in der Stadt befinden sich bei ihren vollen Kräften, dann erleiden wir massivste Verluste. Massivste! Dazu riskieren wir dann, dass der Ansturm misslingt.» Von Diesbach lächelte hämisch. «Ihr kennt den Zustand der Männer der Stadt nicht und damit basta! Und solange wir nicht mit Sicherheit wissen, wie es um sie steht, ist ein Sturm auf Waldshut ein zu hohes Risiko.»

Waldmanns Stimme wurde nun eine Nuance schärfer: «Heute ist der 19. August und wir belagern unterdessen schon seit drei verfluchten Wochen.» Von den Männern der Innerschweiz war zustimmendes Gemurmel zu hören.

Waldmann verwarf die Hände, sprach dann weiter: «Wir zählen sechzehntausend Mann, die alle verpflegt werden wollen und die sich beginnen, zu Tode zu langweilen. Streitereien sind an der Tagesordnung …»

«Dann solltet Ihr vielleicht in Euren Reihen für etwas mehr Disziplin sorgen, Hauptmann», unterbrach ihn Von Diesbach, wobei er das letzte Wort mit Spott unterlegte.

Hans Waldmanns Gesicht wechselte die Farbe. Es schien, als würde er dem Berner Schultheiss gleich an die Gurgel springen.

«Der Sommer ist bald zu Ende und die meisten der Männer müssen nach Hause, um die Ernte einzubringen», meldete sich Matthias zu Wort.

«Ihr habt hier nichts zu bemerken, Kapitän.» Das letzte Wort war in einem Ton gesprochen, der keinen Zweifel aufkommen liess, was der Berner von Matthias' Beförderung hielt.

«Und doch hat der Kapitän recht», beteiligte sich nun Etterlin aus Luzern an dem Streitgespräch. «Wir können nicht hier sitzen und bis zum jüngsten Tag warten, dass die Stadt sich endlich ergibt. Sollte die Ernte nicht bis Ende des Sommers eingebracht worden sein, droht vielen von uns hier eine Hungersnot.» Er vollführte mit seinem Arm eine ausschweifende Bewegung. «Wir sollten stürmen.»

«Etterlin, so hört doch auf. Ihr plappert ja sowieso nur nach, was Euch die Zürcher vorquatschen.» Von Diesbach machte eine spöttische Grimasse, doch der Luzerner lächelte ihn einfach nur freundlich an.

«Ist das so? Tja dann …», antwortete Etterlin und drehte sich zu Waldmann um, dessen Gesicht immer noch Zornesröte trug. Dieser wollte etwas bemerken, doch der Zweite Zürcher Hauptmann, Eberhard Ottikon, kam ihm zuvor. Dieser war bekannt dafür, zunächst zuzuhören, ehe er Vorschläge für eine Lösung präsentierte.

«Zwei Tage», sagte Ottikon mit ruhiger Stimme. «Wir belagern zwei weitere Tage. Die Stadtbefestigungen zeigen grosse Schäden, also beschiessen wir sie weiter mit den Steinbüchsen.» Er gönnte sich eine kurze Pause, sah zu der Stadt Waldshut hinüber, dann wieder zu den Männern um den Tisch. «Pulver und Geschosse sind noch genug vorhanden und ich gebe Hauptmann Waldmann recht, der Proviant in der Stadt ist am Ende.»

Von Diesbach wollte etwas entgegnen, aber Hauptmann Ottikon hob die Hand.

«Wir stimmen ab! Wer dafür ist, der hebe die Hand zur Zustimmung.»

Alle Hände ausser denjenigen der Berner schnellten in die Höhe. «Es ist also beschlossen! Wir …»

Er wurde unterbrochen durch einen lauten Ruf: «Beschuss!»

Matthias drehte sich um und rannte in die Richtung, aus der der Schrei gekommen war.

Der Ruf war aus dem Berner Teil des Lagers erschallt und Matthias schlängelte sich an den Männern vorbei. Schliesslich erreichte er den Ort des Geschehens. Doch, wie er erwartet hatte, fand er keine Toten oder Verletzten vor, denen die Gliedmassen zerschmettert und abgerissen worden waren.

Auf einem der vielen hellgrauen Zelte prangte ein grosser, dunkler Fleck und am Boden davor lag ein dunkles, undefinierbares Etwas aus Fell und Hörnern. Es stand schon eine Gruppe von Männern um das Ding herum, und es strömten weitere herbei. Drei der Männer stritten sich lauthals. Immer mehr Kämpfer kamen dazu.

«Halt!», rief Matthias und zwängte sich durch die stetig grösser werdende Traube von Menschen. Neben dem Gestank ungewaschener und verschwitzter Kämpfer stieg ihm ein unerwarteter Duft in die Nase.

«Halt!», rief er ein weiteres Mal. «Lasst mich durch, zum Teufel!»

Er erreichte den Grund der Aufregung und blickte fragend in die Runde. Am Boden lagen die undefinierbaren Überreste irgendeines Tieres.

Einer der drei streitenden Männer hatte ein Messer in seiner Hand, ob für den Kadaver oder gegen die beiden anderen Streiter, vermochte Matthias nicht zu sagen. Alle drei schrien einander an, was zu einem unverständlichen Lärm führte.

Matthias zog sein Schwert und die herandrängenden Männer wichen zurück und blieben in gebührendem Abstand stehen.

Das Geräusch des aus der Scheide fahrenden Stahls liess das Geschrei der drei verstummen.

«Halt, habe ich gesagt!», sprach er in leisem, aber sehr kaltem und unmissverständlichem Ton zu dem Berner mit dem Messer. Dieser blitzte ihn mit zusammengekniffenen Augen an.

«Was will ein Zürcher Hurensohn und Schelm hier? Verschwinde, bevor ich Dir so heftig in den Bauch trete, dass Dir Deine Gedärme aus dem Arsch herauskommen.»

Matthias lächelte leicht, jedoch ohne jeglichen Humor, nickte dann mit dem Kopf. Er sah zu seinem Schwert, dessen Klinge in der Sonne glänzte, dann wieder zu den drei Streithähnen.

«Soll ich das Wort für Wort an Schultheiss Von Diesbach weitergeben?»

Die Augen des Mannes wurden grösser, aber sein Messer zeigte immer noch auf den Kapitän. Dieser sprach weiter, immer noch ruhig, immer noch kalt: «Ihr steckt jetzt das Messer weg, dann nehmt Ihr dieses Ding …» Er runzelte die Stirn, als er sich selbst unterbrach. «Was ist das überhaupt?»

«Das sind die Überbleibsel eines gemästeten Schafbocks, Kapitän», beeilte sich einer der anderen Streithähne zu sagen.

«Und … der ist … über die Mauer geworfen worden?»

«Ja, Kapitän. Vielleicht mit Hilfe eines Katapultes oder so etwas Ähnlichem.»

Matthias schüttelte für sich den Kopf, dann wandte er sich wieder an den Berner mit dem Messer: «Ihr steckt jetzt endlich diese Klinge weg oder ich bohre Euch die meine in Euer Auge. Und dann nehmt Ihr diesen Schafsbock und kommt mit mir.»

«Nein!», antwortete der Mann trotzig, doch das Messer verschwand schliesslich in der Scheide. «Ihr wollt das gute Fleisch des Bockes nur für Euch selbst haben», meinte er dann.

Matthias musste unwillkürlich lächeln. Auf die Idee war er gar nicht gekommen.

«Der Bock muss zu den Hauptleuten und Ihr werdet ihn dorthin tragen.» Das Lächeln und auch der letzte Rest Wärme waren aus Gesicht und Stimme gewichen. Seine Geduld war langsam am Ende.

«Und wenn ich mich noch ein Mal wiederholen muss, erlebt Ihr den morgigen Sonnenaufgang am Galgen baumelnd.» Er legte eine Pause ein, um seine Worte wirken zu lassen. «Und vom Fleisch», er zeigte auf den Kadaver, «bekommt Ihr auch nichts.»

Matthias steckte sein Schwert zurück in die Scheide, drehte sich, ohne auf eine Antwort zu warten, um und machte sich auf den Weg zurück.

«Ein Schafsbock? Ein gemästeter Schafsbock?» Der Berner Hauptmann Von Wabern schüttelte ungläubig den Kopf.

«Dies zeigt uns ein klares Bild.» Von Diesbach sprach mit überzeugter, triumphaler Stimme und seine beiden Begleiter nickten beistimmend.

«Ein klares Bild? Was soll dieses klare Bild zeigen?» Waldmanns Stimme troff vor Hohn, er verwarf seine Hände. «Dass wir Schafen anstelle von Männern gegenüberstehen?»

Ottikon und Etterlin mussten beide schmunzeln, Matthias hingegen blieb ernst. Er ahnte, was jetzt kommen würde.

Von Diesbach blitzte die beiden Hauptleute böse an.

«Es ist doch offensichtlich, dass sie noch genügend Proviant zur Verfügung haben. Sonst würden sie so etwas doch nie tun.»

«Meint Ihr wirklich? Ihr meint das jetzt im Ernst?» Der Spott war immer noch in Waldmanns Stimme zu vernehmen. «Und das wollen sie uns das damit zeigen?» Er schüttelte seinen Kopf, Matthias ebenfalls, was ihm einen erneuten wütenden Blick Von Diesbachs einbrachte.

«Hätte ich an ihrer Stelle noch genügend zu Essen, würde ich mich einfach hinter die Mauern setzen und warten.» Hans seufzte. «Irgendwann würden uns Krankheiten zu plagen beginnen und ebenfalls das Fressen und sicher die Munition ausgehen. Oder einfach die Geduld. Wir müssten unsere sieben Sachen packen und verschwinden.» Er verzog sein Gesicht. «Jedenfalls würde ich das so machen.»

«Ja, Ihr vielleicht.» In Von Diesbachs Stimme war anstelle des Hohnes jetzt blanke Wut zu vernehmen. «Ihr würdet das sicher so tun, am besten noch mit einem grossen Fass Wein neben Euch. Aber nicht Herter von Hertneck. Ich kenne ihn und der Mann ist … » Von Diesbach unterbrach sich, pausierte kurz, fuhr dann aber weiter, als Waldmann ihm eine Antwort entgegenschleudern wollte: «Der Mann ist gut. Er will uns zeigen, dass ein Sturm ausser Elend und Tod auf beiden Seiten nichts bringt.»

«Töricht! Das ist einfach nur töricht!», rutschte es Matthias heraus und während ihn die drei Berner erschrocken ob seiner Dreistigkeit ansahen, grinste Etterlin aus Luzern breit.

Hauptmann Ottikon fuhr zu Matthias herum. Seine Miene zeigte deutlich, dass er dessen Ausspruch überhaupt nicht goutierte, doch bevor er etwas sagen konnte, goss Hans noch weiteres

Öl ins Feuer des schwelenden Konfliktes: «Töricht! Genau das ist das passende Wort. Vielleicht auch dämlich! Oder auch einfach nur dumm!» Er hieb mit der Faust auf den Tisch.

Im selben Moment zog Von Diesbach sein Schwert, sah dabei Matthias an.

«Wer glaubt Ihr eigentlich, wer Ihr seid!» Seine Stimme bebte. «Eine kleine Ratte aus irgendeinem Zürcher Dreckloch! Nur weil Ihr Euch seit kurzem Kapitän nennen dürft, seid Ihr trotzdem nichts weiter als ein verfluchter, elender Klaffer, der sich hinter dem Rücken eines sogenannten Hauptmannes …»

«Es reicht!» Zum ersten Mal sprach Hauptmann Von Wabern und seine donnernde Stimme brachte alle anderen zum Schweigen. «Steckt das verdammte Schwert weg, werter Schultheiss, bitte!»

«Er hat mich töricht genannt!»

«Und Ihr wolltet soeben den Hauptmann Waldmann beleidigen.» Von Wabern legte sanft seine Hand auf Von Diesbachs Arm. «Weg mit der Waffe, Schultheiss!»

Widerwillig steckte dieser das Schwert in die Scheide. Unentwegt sah er dabei Matthias mit wutblitzenden Augen an.

«Doch ich gebe dem werten Schultheiss recht.» Von Wabern hatte sich jetzt mit seiner ruhigen Stimme direkt an Waldmann gewandt. «Wir können nicht davon ausgehen, dass sie hungern in der Stadt.»

Hans wollte etwas entgegnen, doch Ottikon schnitt ihm mit einer Handbewegung das Wort ab.

«Was schlagt Ihr vor, Hauptmann Von Wabern?», fragte er den Berner.

Dieser seufzte. «Ich muss dem Kapitän und Herrn Etterlin in einem recht geben: Die meisten der Männer müssen zurück. Das Korn muss geerntet werden, sonst droht der Hunger im Winter. Und die allerwenigsten hier sind ausgebildete Kämpfer. Ihr alle wisst so gut wie ich, wie viele davon Bauern, Schmiede oder Viehtreiber sind.» Er machte eine bedeutungsvolle Pause. «Aber sagt, Hauptmann Waldmann, wollt Ihr bei einem Ansturm deren Leben riskieren, ohne wirklich zu wissen, in welchem Zustand die Verteidiger der Stadt sind?»

Hans presste seine Lippen zusammen, antwortete aber nicht und Von Wabern fuhr fort: «Lasst uns bei unserem Plan bleiben. Wir warten zwei Tage ab, beschiessen die Stadt weiter und sehen dann, ob ein Ansturm Sinn ergibt oder nicht.»

«Nein!» Von Diesbach sprach mit einer Mischung aus Wut und Trotz. «Wir werden heute noch unsere Friedensverhandlungen der Stadt gegenüber signalisieren. Wir sollten nicht noch zwei Tage sinnlos vergeuden, nur um dann bei einem Ansturm Hunderte von Männer zu verlieren.»

«Das tut Ihr nicht!», zischte Waldmann. Seine Knöchel waren weiss, so fest presste er seine Fäuste auf den Tisch. «Wir haben eine Übereinkunft.»

«Diese wurde vor dem hier getroffen.» Von Diesbach zeigte auf die Überreste des Schafsbocks, der immer noch auf dem Tisch lag. «Und nehmt mir endlich dieses Ding aus den Augen!», herrschte er dann den Berner Kämpfer an, welcher den Bock auf Matthias' Geheiss zu dem Tisch gebracht hatte.

«Verteilt das Fleisch gerecht unter den Männern!», befahl Matthias und der Angesprochene beeilte sich, dem Befehl nachzukommen, packte den Kadaver und verschwand mit ihm so schnell er konnte im Gewusel des Lagers.

«Wir haben eine Übereinkunft», wiederholte Waldmann. Sein Gesicht war rot, die Haare standen ihm wirr vom Kopf. Die kochende Wut war ihm deutlich anzusehen. «Ihr werdet diese Übereinkunft nicht kippen, Von Diesbach!»

«Und warum nicht? Ihr seid so stur wie dieser tote Schafsbock. Völlig blind gegenüber den Fakten.» Auch der Schultheiss der Stadt Bern kämpfte mit seinem Ärger.

Matthias hätte sich nicht gewundert, wenn sich die beiden aufeinander gestürzt hätten.

«Ihr wollt nur Eurem eigenen erbärmlichen Leben einen Sieg hinzufügen, den Ihr ohne unsere grossartigen Berner Kämpfer nie erreichen würdet. Aber ich opfere nicht die Männer unserer Stadt nur für Eure armselige Reputation.»

«Reputation? Ihr sprecht von Reputation?», schrie Waldmann zurück. «Ha! Reputation! Ihr seid nichts anderes als ein elender Feigling! Ein taktischer Nichtsnutz, der ohne meine Einfälle und

Ideen nicht mal in der Lage wäre, ein Kloster voller alter Nonnen einzunehmen!»

«Genug jetzt!», donnerte Eberhard Ottikon. «Es reicht! Schämt Euch, alle beide! Was sollen nur die Männer von Euch denken?»

Hauptmann Ottikon war zwischen die beiden Streithähne getreten, während Matthias seine Hand auf seinen Schwertknauf gelegt hatte. Er war froh um Ottikons Machtwort, eine Eskalation hätte unabsehbare Folgen haben können und durfte keinesfalls geschehen.

Einen Moment lang passierte nichts, doch die Luft um den Tisch herum schien zu vibrieren.

«Es bleibt bei den zwei Tagen.» Der Berner Hauptmann Von Wabern sprach mit sachlicher Stimme. «Wir werden uns jetzt in unser Lager zurückziehen und ich will nichts mehr darüber hören.» Er blickte ernst in die Runde. «Zwei Tage!» Er schüttelte mit entsetztem Gesichtsausdruck den Kopf. «Hauptmann Ottikon hat recht. Ihr solltet Euch wirklich schämen!»

Ohne eine Antwort abzuwarten, drehte er sich um, packte Schultheiss Von Diesbach am Arm und die drei Männer aus der Stadt Bern verliessen die Zusammenkunft und kehrten in ihr Lager zurück

«Eines Tages bringe ich den Hund um, das schwöre ich Dir!» Hans kochte immer noch vor Wut. Er hatte kaum etwas gegessen, dafür aber umso reichlich Wein in sich hineingeschüttet.

«Sie werden schon noch zur Vernunft kommen. Auch sie wissen, ein Abzug käme einer Niederlage gleich», antwortete Matthias. Er stellte seinen leeren Teller auf den Boden. Im Gegensatz zu seinem Hauptmann hatte dem Kapitän der Eintopf aus Linsen und Gemüse, gespickt mit einigen wenigen Stückchen Fleisch einer Ente, gemundet. Dazu hatte es ranziges, dunkles Brot gegeben und Matthias hatte mit einigem Appetit gegessen. Sie hatten noch ein frisches Fässchen Wein geöffnet, es war jedoch das letzte aus Waldmanns Bestand.

Unterdessen war es dunkel und das Lager wurde wie jede Nacht durch unzählige Fackeln und offene Feuer erhellt. Die Stimmung im gesamten Heerlager war ruhig, von vorherrschender Langeweile geprägt.

Auch Matthias wusste, es musste langsam etwas geschehen, ansonsten würden immer mehr Männer desertieren. Sie würden einfach ihre Sachen packen und im Schutze der Nacht zu ihren Höfen, Häusern und Familien zurückkehren.

Und er konnte es ihnen nicht mal verdenken.

Gelächter war kaum mehr im Lager zu hören, Gesang schon seit Längerem nicht mehr. Dafür mussten die Kapitäne und Hauptleute immer mehr aufflammende Streitereien schlichten. Es war nur eine Frage der Zeit, bis sich die Männer gegenseitig umbringen würden.

«Noch zwei Tage. Nur noch zwei Tage», meinte Matthias zwischen zwei Schlucken Wein, doch Hans schüttelte nur den Kopf. Langsam war dessen Wut gewichen und in Enttäuschung und Erschütterung umgeschlagen.

«Von Diesbach ist ein falscher, verfluchter Hund. Der hat doch irgendetwas vor, das sage ich Dir.» Waldmann nahm seinen Becher, trank, verzog sein Gesicht und schmetterte den Becher zu Boden. Wein spritzte.

«Die haben irgendetwas vor», wiederholte er. «Verflucht sei dieser bernische Betrüger. Diesen Hurenbock soll der Teufel holen.»

«Und was denkst Du, haben sie vor?»

«Wenn ich das nur wüsste. Aber irgendetwas ist da faul. Zu gross ist deren Angst, dass wir anstürmen.»

«Und das hat nichts mit möglichen Verlusten zu tun?»

«Nein!», herrschte ihn Hans an. «Das hat andere Gründe, so wahr ich hier sitze. Ein Krieg hat immer Verluste zur Folge.» Er seufzte, wollte seinen Becher nehmen, aber der lag einige Fuss weg am Boden und der Hauptmann beliess es bei einem Schulterzucken. «Irgendetwas stimmt hier nicht.»

Doch bevor er weitersprechen konnte, hörten sie Schritte.

Es war Heinrich, Hans Waldmanns jüngerer Bruder.

Dieser schnappte sich ungefragt einen Schemel bei einem der Nachbarszelte, trug ihn zu ihnen und setzte sich neben Matthias.

Heinrich lachte ihn an. «Kapitän, nehmt Ihr mich jetzt endlich in Eure Truppe auf?»

Waldmanns Bruder sah den am Boden liegenden Becher, hob ihn auf, wischte ihn sauber und bediente sich am Wein.

Dieselbe Frage stellte er Matthias bei jeder Gelegenheit, wenn sie sich begegneten. Doch dieser wollte eine Aufnahme unbedingt vermeiden. Zum einen traute er Heinrich einfach nicht über den Weg. Er war ihm zu arschkriecherisch und Matthias dachte, er wollte nur Informationen sammeln, um sie dann an Hans weiterzugeben. Dazu war Heinrich ein schlechter Schwertkämpfer. Er war unglaublich schnell und äusserst gefährlich mit einem Messer, aber zu behäbig mit der längeren Klinge. Und Matthias meinte auch, es mangele ihm an Mut. Heinrich war nur wegen des Ranges seines Bruders hier. Und weil er sonst nicht wirklich zu etwas zu gebrauchen war.

Ausser zu Streitereien.

«Wie ich Euch schon die letzten Male gesagt habe, Heinrich, Ihr solltet mir zuerst beweisen, was Ihr könnt. Dann werde ich es mir gerne überlegen.» Matthias blieb höflich, aber distanziert. Doch den jüngeren Bruder seines Hauptmannes kümmerte dies nicht im Geringsten.

«Das werde ich, Kapitän. Das werde ich.» Heinrich grinste breit und klatschte in die Hände. «Morgen ziehe ich mit den Schwyzern nach Bonndorf.»

«Bonndorf?» Matthias runzelte die Stirn, sah Hans an.

«Wir wollen Herzog Siegmund von Habsburg von der Stadt Waldshut ablenken», erklärte dieser. «Wenn wir in zwei Tagen, am Freitag, den Ansturm auf die Stadt wagen, soll uns der Herzog von Tirol mit seinen Truppen nicht in die Suppe spucken. Deshalb werden Heinrich und die Schwyzer schon morgen nach Bonndorf ziehen und es am Freitag früh angreifen.»

Matthias nickte. Dies würde den Herzog, der im Hinterland sein Lager bezogen hatte, beschäftigen, während die Eidgenossen die Stadt zu erstürmen versuchten. Der Plan ergab Sinn.

«Und ich werde sie anführen», sagte Heinrich sichtlich stolz.

Matthias antwortete nicht, sah aber wieder den Hauptmann an.

Dieser knallte seinem Bruder die Hand auf die Schulter, so dass dessen Wein aus dem Becher schwappte.

Die Wut auf Von Diesbach schien nun gänzlich verflogen zu sein.

«Dein erstes Kommando.» Er lächelte leicht, wandte sich wieder
zu Matthias: «Mein Bruder wird in Bonndorf dafür sorgen, dass
wir zusätzlichen Proviant erhalten. Sie sollen das Dorf plündern.
Vor allem das Vieh können wir sehr gut gebrauchen. Damit können wir zum einen Entschädigungen für allfällige Verluste beim
Sturm auf Waldshut bezahlen und haben dazu noch frisches
Fleisch für die Männer hier. Und wir müssen uns um Siegmund
keine Gedanken machen.»

Heinrich grinste immer noch über das ganze Gesicht.

«Ich werde es Euch zeigen, Kapitän. Ich werde Euch beweisen,
dass ich es wert bin, Eurem Trupp anzugehören. Ihr werdet schon
sehen.»

Matthias sagte nichts, nickte nur.

Er trank einen tiefen Schluck Wein.

Kapitel III

Der Reiter kam im gestreckten Galopp ins Lager geritten. Sein Pferd hatte Schaum vor dem Maul und Schweiss glänzte auf dem braunen Fell. Er riss heftig und rücksichtslos an den Zügeln, das Ross wieherte und stieg auf die Hinterbeine. Als es wieder auf allen Vieren stand, rutschte der Reiter langsam aus dem Sattel zur Seite. Sofort rannten die ersten Männer zu ihm und hätten sie ihn nicht im letzten Moment aufgefangen, wäre er aus dem Sattel gestürzt und heftig auf den Boden aufgeprallt.

Seine Kleidung war zerrissen und mit rotem, klebrigem Blut vollgesogen. Seine Schwertscheide war leer, doch die Waffe trug er auch nicht bei sich.

Die Männer beugten sich über ihn, fragten und riefen durcheinander.

Plötzlich rannte einer der Männer in Richtung des Zeltes von Hans Waldmann.

«Hauptmann!», schrie er dabei. Und noch einmal: «Hauptmann, kommt sofort!»

Matthias, dessen Zelt nicht weit von Waldmanns entfernt lag, hörte die Rufe. Er war soeben damit beschäftigt, seine Ausrüstung für die an diesem Tag geplante Erstürmung der Stadt Waldshut vorzubereiten. Helm und Harnisch – beides trug er nur ungern, da sie ihn in seiner Beweglichkeit und Schnelligkeit hinderten – hatten gereinigt, überprüft und neu angepasst werden müssen. Einer der Lederriemen des Helmes war angerissen und er hatte ihn beim Waffenmeister reparieren lassen. Dann kamen noch die Waffen hinzu, welche aber bereits gereinigt und neu geschliffen worden waren. Die ganzen Utensilien waren durch die vielen Übungseinheiten mit seiner neuen Truppe doch ziemlich in Mitleidenschaft gezogen worden.

Matthias schmiss den Helm auf sein schmales, tiefes Feldbett, welches in der Ecke seines Zeltes stand, und stürmte hinaus. Die Sommerhitze schlug ihm wie ein Faustschlag ins Gesicht und er kniff die Augen zusammen, geblendet von der morgendlichen Sonne.

Der rufende Mann stürmte in demselben Moment an ihm vorbei und rannte auf Hauptmann Waldmann zu, der ebenfalls soeben aus seinem Zelt getreten war.

«Hauptmann Waldmann! Ihr müsst sogleich kommen!»

«Was ist passiert?», hörte Matthias Hans fragen. Die Stimme des Hauptmanns zeigte, dass er von der Störung genervt war.

«Die Truppe von Bonndorf. Sie ist überfallen worden.»

Waldmann riss den Mann am Arm und begann zu rennen.

«Los, komm mit!», rief er Matthias zu und dieser setzte sich ebenfalls in Bewegung.

Als sie bei dem Verletzten ankamen, hatte sich schon eine grosse Traube neugieriger Männer gebildet.

«Weg da! Lasst uns durch!», donnerte Hans, noch bevor sie die Stelle erreichten, wo der Mann immer noch auf dem Boden lag.

Er war bei Bewusstsein. Seine gesamte linke Seite war von Blut durchtränkt. Die beiden knieten sich neben ihn und Matthias hob das Wams des Mannes an. Was er unter dem Kleidungsstück sah, liess auf seinem Gesicht eine Grimasse erscheinen. Hans blickte ihn an und Matthias schüttelte leicht den Kopf.

«Wart Ihr in Bonndorf?», fragte Waldmann und der Verletzte nickte mühevoll. Er schien etwas sagen zu wollen, brachte aber keinen Ton heraus.

«Was ist passiert?», fragte Hans, doch wiederum bekam er keine Antwort. «Los Mann, erzählt! Was ist passiert?»

«Wir ... wir sind ... überfallen ... worden», antwortete der Verletzte mit grosser Mühe und zwischen zusammengebissenen Zähnen.

«Das wissen wir! Wo?», fragte Hans mit energischer Stimme. «Wo seid Ihr überfallen worden?»

«Sieg... Siegmund.» Die Stimme des Kämpfers war kaum zu verstehen und Matthias wie auch der Hauptmann mussten sich tief zu ihm niederbeugen.

«Ruhe!», herrschte Waldmann die umstehenden Männer an, welche lauthals diskutierten, was passiert hätte sein können.

«Es war Siegmund. Er … er war im Steina… im…» Die Stimme brach ab, der Atem des Mannes röchelte.

«Steinatal?», fragte Matthias und der Kämpfer nickte angestrengt. Dann blickte er wieder zu dem Hauptmann, packte diesen am Arm.

«Bitte … meine Frau …» Wieder brach er ab und dann sprach er nicht mehr. Der Arm glitt an Waldmanns eigenem hinunter und die Augen brachen.

Waldmann sah den Toten einen Augenblick lang an, dann stand er abrupt auf.

«Verflucht!» Er sah zu Matthias. «Sammle Deine Männer, Matthias. Wir treffen uns bei den Stallungen.» Der Hauptmann fluchte erneut bitterlich. «Wir reiten ins Steinatal.»

Hans Waldmann drehte sich um und entfernte sich schnellen Fusses.

Matthias sah zu dem toten Kämpfer, schloss diesem die Augen und sprach ein leises Gebet. Dann seufzte er tief. Er stand auf, packte den erstbesten Mann, der hinter ihm stand. «Beerdigt ihn anständig!»

Die zwölf Männer ritten wie die Teufel.

Der Weg war schmal und führte durch ein enges, tiefes und dunkles Tal, in dessen Mitte ein kleiner Fluss verlief, das Flüsschen Steinach. Rechts und links hoben sich steile, bewaldete Hänge, welche auch im Sommer nur wenig Licht auf den schmalen Weg liessen, worauf die zwölf Reiter hintereinander her galoppierten.

Der Hauptmann führte die Truppe an, Matthias bildete das Schlusslicht.

Beide kannten das Tal, hatten sie doch schon vor der Belagerung der Stadt Waldshut die Gegend ausgekundschaftet. Der Fluss und mit ihm das Tal vollzogen einen langgezogenen Bogen nach links, drehten zuerst nach Norden, dann nach Nordwesten.

«Wir müssten bald aus dem engen Tal herauskommen und dann auf eine Kreuzung treffen», rief Waldmann, so laut er konnte. «Seid auf der Hut, Männer.»

Sie ritten weiter.

Nicht ganz eine halbe Wegstunde weiter zog Hans schliesslich
an den Zügeln, verlangsamte sein Tier, und alle ihm nachfolgen-
den taten es ihm gleich. Dann blieb er stehen. Matthias zwängte
sein Pferd auf dem schmalen Weg an seinen Männern vorbei.

Er wollte etwas sagen, aber der Hauptmann legte einen Finger
auf die Lippen.

«Horch!», meinte er dann leise.

Und tatsächlich, entfernt konnte Matthias Lärm vernehmen.
Rufe, Schreie, das Wiehern von Rössern.

Und Waffengeklirr.

Sie hörten beide einen langen Moment zu, dann nickte Hans.

«Wir haben das Überraschungsmoment auf unserer Seite.»

«Dafür müssten wir aber im Galopp aus dem Tal auf das
Schlachtfeld hinaus.» Matthias' Gesicht zeigte, dass er den Gedanken nicht wirklich gut fand.

«Das müssen wir», antwortete der Hauptmann und nickte langsam.

«Ohne zu wissen, wie es dort aussieht?» Matthias hingegen
schüttelte den Kopf. Auch seinen Männern war anzusehen, dass
die Idee nicht auf Anklang stiess.

Einige von ihnen runzelten die Stirn, als ihr Kapitän seinem
Hauptmann widersprach. Doch sie wussten nicht, dass dies genau das war, was Waldmann an Matthias so schätzte.

«Was schlägst Du vor? Wir können nicht allzu lange warten.»

Doch bevor Matthias antworten konnte, sprach Hans weiter:
«Ich weiss, dass Du lieber Kundschafter losschicken würdest, und
ich gäbe Dir ja auch völlig recht.» Der Hauptmann verkniff sein
Gesicht. «Aber in diesem Fall haben wir einfach nicht mehr genug
Zeit.»

«Es ist mir durchaus bewusst, dass die Zeit drängt, Hauptmann.
Und ich weiss auch, dass ein Überraschungsmoment hilfreich
wäre, doch wohl ist mir bei der Sache nicht wirklich.» Er seufzte.
«Einfach so auf ein Schlachtfeld zu reiten?» Er seufzte ein zweites
Mal. «Aber vielleicht bleibt uns wirklich keine andere Wahl.»

Waldmann sah in die Runde der Männer. Er verzog noch einmal
sein Gesicht.

«Nein», sagte er dann leise, «die haben wir nicht. Möge Gott uns beistehen.»

Hans Waldmann wendete sein Ross und gab ihm die Sporen. Er und Matthias sprengten davon, die Männer dicht hinter ihnen.

Sie jagten auf die Lichtung hinaus.

Während die engen Wände des Tales sich weiteten, um dann nach Norden und Westen zu verlaufen, machte das Tal einer grossen Lichtung Platz. Das Flüsschen zwängte sich weiter an der nach Norden verlaufenden Felswand entlang, doch der Weg, auf dem sie ritten, weitete sich und kreuzte dann, mitten auf dem Platz, einen anderen Pfad, welcher von West nach Ost verlief. Die gegenüberliegende Seite der Lichtung wurde durch dichte, grüne Wälder begrenzt, worin der nach Nordwesten weisende Weg verlief.

Matthias kniff die Augen zusammen, als sie aus dem dunklen, engen Tal auf die lichtdurchflutete Fläche preschten, ihre Waffen schon in den Händen haltend.

Die Grünfläche war mit hohem Gras bedeckt, welches aber überall niedergetrampelt worden war. Über ein Dutzend Leichen lagen verstreut auf der Lichtung.

Der Kapitän verschaffte sich mit geübtem Auge einen schnellen Überblick. Auf ihrer gegenüberliegenden Seite, in Richtung Westen, stand ein grosser, schwer beladener Ochsenkarren. In etwa zwölf Mann standen in einem Kreis um ihn herum, jeweils mit dem Rücken zum Karren und versuchten mit allen Mitteln, sich gegen die fast drei Mal so hohe Zahl von Angreifern zu verteidigen. Diese hatten den Wagen und die darumstehenden Männer vollständig eingekreist. Hinter diesem Kreis sass ein kleiner, leicht übergewichtiger Mann ohne Helm, dafür mit langer, goldener Lockenpracht auf einem schneeweissen Pferd und rief Befehle. Das Pferd besass eine rot-weisse Decke, darauf war ein gekrönter Adler aufgestickt. Auf der anderen Seite des Weges, gen Norden, hielten weitere Kämpfer eine Viehherde in Schach. Auch sie trugen wie die Angreifer gegen den Ochsenkarren rot-weiss gestreifte Kleidung mit einem roten Adler samt goldener Krone auf der Brust.

Matthias bemerkte, wie sich der Ring um den Karren und die verteidigenden Männer zu schliessen begann, doch das Donnern ihrer Hufe liess alle Kämpfer innehalten. Gesichter drehten sich zu ihnen um. Der Hauptmann und Matthias hatten gehofft, mit dem Überraschungsmoment Chaos oder Unordnung in die Habsburger Reihen zu bringen, doch das Gegenteil schien der Fall. Der Herzog und seine Männer hielten nur kurz inne. Siegmund, immer noch auf seinem Pferd hinter dem Kreis seiner Männer um den Karren sitzend, schrie einen lauten Befehl und der Kreis löste sich sogleich auf. Seine Männer drehten sich um und begannen auf die nördliche Seite des Weges zu rennen, hin zu den Soldaten mit der Kuhherde. Diese liessen von den Viechern ab und verstärkten Siegmunds Männer. Noch ein Befehl und Herzog Siegmund formierte seine gesamte Truppe neu.

Es war beeindruckend, wie schnell der Herzog reagiert hatte, und Matthias war sich sicher, ihr Gegner war auf sie vorbereitet gewesen und nicht im Geringsten überrascht. Und er sah, dass der Habsburger wusste, was er tat. Dieser hatte zwar die Einkesselung der Männer am Ochsenwagen aufgegeben, aber er hatte somit auch verhindert, dass die Eidgenossen vom Wagen und Waldmanns Truppe aus dem Tal sie von zwei Seiten her angreifen konnten. Wäre Siegmund Waldmann und Matthias entgegengetreten, hätten die Männer vom Wagen ihnen in den Rücken fallen können, dasselbe galt, wenn er die Umzingelung aufrecht gehalten hätte. Also hatte er das einzige Richtige getan. Er hatte sich auf die andere Seite des Weges zurückgezogen und neuformiert. Und mit den Kämpfern von der Viehherde vermehrte er dazu seine Streitkräfte und verfügte gegen die jetzt etwa zwei Dutzend Mann zählenden Eidgenossen über eine Übermacht von zwei zu eins.

Matthias fluchte leise in sich hinein.

Hans, Matthias und ihre Männer ritten bis vor den Karren und sprangen dort von ihren Pferden. Die um den Wagen verteilten Eidgenossen sahen erschöpft und verzweifelt aus.

«Wo ist der Rest?», fragte Waldmann ohne Umschweife und mit ungläubigem Blick. «Wo zum Henker ist mein Bruder?» Er sah sich mit gerunzelter Stirn auf dem Schlachtfeld um.

Ein wahrer Riese antwortete ihm mit tiefer, basslastiger Stimme: «Geflohen, Hauptmann.»

Hans Waldmann sah zu dem Hünen.

«Siebzig Mann! Ihr wart mehr als siebzig Mann!» Der Hauptmann schüttelte ungläubig den Kopf.

«Sie haben uns hier überrascht. Wir verloren sogleich jegliche Ordnung und …» Der Riese unterbrach sich, machte einen fragenden Gesichtsausdruck.

«Ihr Bruder, Hauptmann?»

«Ja, verflucht!» Des Hauptmanns Stimme zeigte seine Ungeduld. «Heinrich Waldmann. Was ist mit ihm?»

«Er lebt, Hauptmann.» Der riesige Kämpfer, welcher alle anderen Anwesenden um mindestens eine ganze Kopflänge überragte, nickte schwer. Passend zu seiner schieren Grösse von um die sieben Fuss war er auch breit und kräftig gebaut. In seiner rechten Hand hielt er eine riesige Streitaxt.

«Die meisten der Männer flohen schon beim ersten Angriff von Sigmunds Männern. Nicht mal die Hälfte davon blieb bei mir und wir sind nun der letzte Rest. Die anderen …» Er brachte den Satz nicht zu Ende, zeigte dafür mit seiner Hand zu den Toten, die überall auf der Wiese und den Wegen lagen. Er schüttelte sein schweres Haupt. «Auch Ihr Bruder, Hauptmann, floh gleich zu Beginn.» Er zuckte mit seinen schweren Schultern. «Wir versuchten, die Beute irgendwie zu verteidigen und auch die verfluchten Rindviecher nicht zu verlieren. Aber die Habsburger machten uns nieder, einer nach dem anderen. Schliesslich …»

«Formiert Euch!», schrie Matthias dazwischen. «Los! Jetzt!»

Siegmund hatte seine Männer in drei Reihen aufgestellt, ihre Schwerter waren gezogen und die Schilde überlappten einander.

«Gütiger Gott im Himmel», stöhnte Waldmann. «Einen Schildwall. Sie formen einen verfluchten Schildwall.» Er sah zu Matthias. «Diese Bastarde sind uns mindestens eins zu zwei überlegen.» Er verzog sein Gesicht.

«Sie haben den höheren Grund», antwortete der Kapitän leise. «Dazu haben wir keine Hellebarden und Schilde.» Er schüttelte resigniert den Kopf. «Und wir sind zu wenige, sie würden unsere eigenen Reihen einfach umgehen können und uns dann einkesseln.» Er seufzte leise. «Aufgeben?»

«Wäre eine Möglichkeit», meinte Waldmann.

«Aber was würde Siegmund mit uns tun? Wie würde er verfahren?», antwortete Matthias, die verschiedenen Optionen abwägend.

«Das kommt darauf an, was in Bonndorf passiert ist.» Hans Waldmann sah zu dem Hünen, doch dieser schüttelte nur den Kopf.

«Also kämpfen.» Hans lächelte leicht säuerlich. «Sterben wir lieber unter der Sommersonne und sehen uns den Rest dieses Pferdemistes aus dem Himmel an.» Er hob sein Schwert.

Matthias seufzte, als er sah, dass die Habsburger mit ihrem Schildwall ihnen langsam entgegenkamen.

Sie mussten eine Entscheidung treffen.

«Lasst uns angreifen, Hauptmann», schlug er vor. «Damit werden sie nicht rechnen. Lasst uns einen Keil bilden und sie versuchen, genau in der Mitte zu attackieren.» Er sah Waldmann an, sagte dann so leise, dass ihn nur der Hauptmann hören konnte: «Aber wir müssen den Wall durchbrechen, ansonsten sind wir alle tot.»

Hans nickte.

Matthias sog tief Luft in die Lunge, fasste sein Schwert fester. «Also Männer, lasst uns einen Keil bilden! Wir greifen an!» Die Eidgenossen griffen ihre Waffen, schrien und johlten.

Hans Waldmann nickte. «Los, Männer! Schicken wir diese habsburgischen Schweinehunde zum Teufel!» Er grinste diabolisch. «Jetzt, Männer! Angriff!»

Matthias rannte los, der Rest folgte ihm auf den Fuss. Sie rannten so schnell sie konnten auf ihren Gegner zu, hielten dabei genau in die Mitte des Schildwalles der Habsburger an.

Der Kapitän stürmte voran, gleich gefolgt vom Hauptmann und dem Riesen. Der Rest der Eidgenossen war direkt hinter ihnen.

Einem lebenden, wütenden und bewaffneten Keil gleich rannten sie auf den Schildwall des Habsburger Herzoges Siegmund zu.

Der Schildwall wurde als militärische Taktik kaum noch gewählt. Die langen Hellebarden der Eidgenossen und die langsam immer vermehrt aufkommenden Feuerwaffen machten diese Taktik obsolet. Zu einfach konnte eine solche Formation aus einer sicheren Distanz bekämpft und zerschlagen werden.

Aber weder verfügten Hans' und Matthias' Gruppe sowie der kärgliche Rest des Schwyzer Kontingentes über Hellebarden noch führten sie Feuerwaffen mit sich. Und sie besassen auch keine Schilde.

Es blieb ihnen nur Geschwindigkeit, Wucht und die Kraft der Verzweiflung. In vollem Spurt rannten sie auf die Mauer aus einander überlappenden Schilden und dazwischen lauernden Schwertklingen zu. Matthias hoffte, mit der schieren Wucht der keilförmigen Formation eine Lücke in den Wall zu reissen.

Schweiss rann ihm aus allen Poren, lief unter dem Rand seines Helmes hervor und über sein Gesicht. Obwohl es noch vor Mittag war, stand die Sonne schon hoch an einem wolkenlosen Himmel und brannte heiss auf ihn herunter. Er blinzelte, um den Schweiss aus den Augen zu bekommen. Dann begann er laut zu brüllen und die Männer hinter ihm taten es ihm nach.

Siegmunds Soldaten schritten ihnen im Gleichschritt entgegen. Der Herzog selbst sass immer noch hoch zu Rosse hinter den Linien.

Sie waren fast da.

Und dann trafen die beiden Gruppen aufeinander.

Kurz vor dem Aufprall duckte sich Matthias, da er den über den Schildern durchstossenden Schwertklingen ausweichen wollte. Dabei drehte er sich nach links und zielte genau auf die Überlappung zweier Schilde. Er prallte mit der linken Schulter mit voller Wucht auf. Ein heftiger Schwerz fuhr aus der Schulter durch seinen linken Arm hindurch.

Die Schilde öffneten sich einen schmalen Spalt.

Und schlossen sich sogleich wieder.

Er wurde heftig zurückgeworfen, prallte nach hinten in den anstürmenden Hünen hinein.

Auch dieser, wie auch Waldmann und die übrigen Eidgenossen, versuchten ein Loch in den Schildwall zu brechen. Die Reihen der Habsburger wurden durch den Ansturm zurückgebogen.

Aber der Wall brach nicht.

Matthias rappelte sich auf, attackierte mit seinem Schwert. Er stach über eines der Schilde, spürte wie die Klinge etwas traf und hörte einen heiseren Schrei. Doch schon schlug die Waffe des gleich neben dem getroffenen Habsburger von oben zu. Das Schwert musste über die Schilde geschlagen werden und der Schlag konnte deshalb nicht seine ganze Wucht entfalten. Aber die Klinge traf Matthias am Helm, glitt dort ab, streifte seine Schulter und wurde wieder zurückgezogen.

Sein Kopf schien zu explodieren. Es fühlte sich an, als stünde Matthias in einem Kirchturm neben einer riesigen, schlagenden Glocke. Sterne tanzten vor seinen Augen, seine Sicht war verschwommen.

Matthias stolperte mehrere Schritte rückwärts und wäre wieder zu Boden gestürzt, hätte ihn nicht einer der Männer gepackt und aufrecht gehalten. Er löste sich, blieb einen Moment benommen stehen und schüttelte heftig den Kopf. Sein Blick klarte auf, doch immer noch tanzten Blitze vor seinen Augen im Rhythmus der durch seinen Schädel hämmernden Schmerzen.

Mit der linken Hand löste er den Riemen des Helmes und liess ihn zu Boden fallen. Das Metall hatte eine tiefe Furche, war aufgerissen. Er tastete seinen Schädel ab, aber fühlte kein Blut. Nicht auszudenken, wenn der Schlag mit voller Wucht ausgeführt worden wäre.

Kurz sah er sich um. Es war ihnen nicht gelungen, den Schildwall aufzubrechen. Und jetzt versuchten eidgenössische Kämpfer überall verzweifelt einen Weg durch diese lebende Mauer zu finden.

Vergebens.

Er sah Tote und Verletzte in ihrem Blute liegen, sah, wie der Schildwall langsam vorwärts presste, bemerkte, wie dessen beiden Enden sich nach innen bogen, um sie nach und nach einzukesseln.

Und wenn sich der Kreis erst mal geschlossen hatte, würden sie sterben.

Die Habsburger würden die Umklammerung immer enger und enger ziehen, würden sie zusammendrücken und jeden einzelnen von ihnen abschlachten.

Der Lärm war ohrenbetäubend, der Gestank fast unerträglich. Männer schrien, als sie versuchten Löcher in den Wall zu brechen, sie schrien, wenn sie getroffen wurden, wenn sie starben und sie schrien, als sie verletzt ihren Todeskampf ausfochten. Es stank nach Blut, Erbrochenem und Exkrementen.

Und es stank nach Tod.

Und die Schlinge aus Männern in rot-weissen Kleidern, Schildern mit gekrönten Adlern darauf und Schwertern mit scharf geschliffener Klinge zog sich immer enger zu.

Es war wie das Maul eines dunklen, grossen Biestes mit eisernen Zähnen und metallischen Klauen, welches gekommen war, um sie allesamt zu verschlingen.

Matthias griff wieder an. Doch es war mehr reine Verzweiflung als Mut. Eigentlich hätten sie sich zurückziehen müssen. Doch wohin? Der Ring war geschlossen und sie konnten nirgends mehr hin.

Nur noch in das dunkle, kalte Loch des Todes.

Matthias kämpfte zwischen Hans und dem Riesen, welcher versuchte mit seiner grossen Axt und purer Kraft die Schilde der Gegner zu zerschmettern. Aber diese stiessen ihm sogleich mehrere Schwertklingen entgegen, hielten ihn somit immer wieder auf Distanz und raubten ihm so die Wirkung seiner Schläge. Und wenn die Schneide der Axt mal traf, wurde der Mann sofort durch einen neuen ersetzt.

Auch Matthias hämmerte mit seinem Schwert hoffnungslos auf die Schilde ein. Und auch ihm schnappten sogleich Klingen entgegen, liessen ihn immer wieder zurückweichen.

Die Männer starben. Langsam, einer nach dem anderen.

Angst stieg in ihm hoch. Er wusste, nur noch ein Wunder konnte sie retten.

Oder ein Fehler in den Habsburger Reihen.

Hans zog sich ebenfalls vom Schildwall zurück und stellte sich neben Matthias.

«Wir sterben hier!» Er atmete schwer und seine Augen waren weit aufgerissen. «Verflucht, wir sterben hier alle!»

Matthias sah in das Gesicht seines Hauptmanns, dann senkte er den Blick. Er wusste, der Hauptmann hatte recht.

Waldmanns linker Stiefel war aufgerissen und er blutete aus einer Wunde am Schienbein.

Immer noch hämmerte ein dumpfer Schmerz bei jedem Herzschlag durch Matthias' Kopf, trotzdem kam ihm ein Gedanke. Er packte seinen Hauptmann an der Schulter, schrie ihn an: «Auf die Füsse!»

Hans sah ihn verständnislos an.

«Schlagt auf die Füsse, Hauptmann!», schrie Matthias nochmals, liess ihn los und sprang vorwärts. Mit hoch erhobenem Schwert machte er einen grossen Satz und landete in Schlagdistanz zu den Waffen der Habsburger. Diese hoben reflexartig ihre Schilde an und Matthias fiel sofort auf sein rechtes Knie. Gleichzeitig liess er sein Schwert wie einen Heudrescher horizontal unter den Schildern hindurch knapp über den Boden schwingen.

Die Klinge traf.

Er spürte, wie sie in die Beine eines Gegners fuhr. Dieser schrie gellend auf und blitzschnell riss Matthias seine Waffe zurück.

Doch er war nicht schnell genug.

Ein gegnerisches Schwert stiess von oben herab, traf seinen Harnisch an der Schulter und rutschte von dort weg. Sofort liess sich Matthias nach hinten fallen.

Der Kämpfer, dessen Beine er getroffen hatte, liess, immer noch schreiend vor Schmerzen, Schild und Schwert fallen und fiel nach hinten, gegen die Männer der zweiten Reihe. Ein Loch im Wall war entstanden, welches eigentlich sofort von einem der hinteren Männer hätte geschlossen werden sollen, aber dieser musste zuerst dem Verletzten ausweichen.

Und dann machte das grosse, rot-weisse Biest endlich einen Fehler.

Der Habsburger, welcher links des von Matthias verletzten Kämpfers gestanden hatte, witterte seine Chance, den am Boden liegenden Kapitän zu töten, und trat einen Schritt nach vorne.

Der Mann hob sein Schwert, um es auf Matthias herniederfahren zu lassen. Dieser riss seine eigene Waffe hoch, wollte den Schlag mit querliegender Klinge stoppen.

Doch der Hieb kam nicht.

Wie verlangsamt sah Matthias, wie etwas silbern Blitzendes durch die Luft fegte, hörte einen dumpfen Schlag und sah, wie der Kopf des Habsburgers langsam auf die Seite kippte.

Dessen Gesicht zeigte eine Mischung aus Ungläubigkeit, Entsetzen und Angst. Die Augen waren weit aufgerissen, als sich der Kopf langsam vom Hals löste und zu Boden fiel.

Rhythmisch spritzte Blut aus dem kopflosen Hals und ergoss sich auf Matthias, dann brach der Körper des Mannes zusammen.

Das Ganze hatte nur einen Augenblick gedauert, Matthias hingegen war es wie eine Ewigkeit vorgekommen.

Und doch war es genug Zeit gewesen.

Der Riese, welcher mit seiner Axt den Kopf des Habsburgers vom Hals getrennt hatte, war schon im nächsten Moment in die entstandene Lücke gesprungen, Hans und ein weiterer Eidgenosse folgten sogleich.

Der Schildwall war durchbrochen.

Es waren nicht mehr viele Eidgenossen übrig, doch sofort drängte der gesamte noch vorhandene Rest in das entstandene Loch, riss es immer weiter auf.

Hinter dem Wall kam es zu einem wütenden Kampf Mann gegen Mann.

Matthias, wieder auf seinen Beinen, rannte ebenfalls durch die Lücke, rammte sein Schwert dem ersten Mann, der sich ihm entgegenstellte, ins Gesicht. Dieser fiel, wie vom Blitz getroffen. Sogleich stand der Nächste vor dem Kapitän, doch dieser täuschte einen Schlag von links an, riss das Schwert dann aber nach rechts und hieb es unter die Schulter des Habsburgers. Die Waffe erzitterte, als die Klinge auf die Rippen traf und diese durch die Wucht des Schlages brachen. Matthias drehte sofort die Klinge, damit sie nicht steckenbleiben konnte, und zog sie wieder heraus. Im hohen Bogen flog Blut durch die Luft und der Mann stürzte zu Boden.

Matthias sah, wie der Hüne mit seiner Axt, dicht gefolgt vom Hauptmann, sich in Richtung des Herzoges kämpfte, eine Spur von Leichen hinter ihnen.

Hoffnung keimte auf, verdrängte das Entsetzen und die Angst vor dem sicheren Tod.

Und die Hoffnung verlieh ihm neue Kräfte.

Matthias wusste, dass es jedem der Eidgenossen so erging und er wusste auch, dass je mehr Hoffnung jeder einzelne von ihnen verspürte, die Habsburger das Gegenteil erlebten.

Der nächste Gegner griff an. Doch Matthias vollführte einen Sprung nach rechts und liess sich auf ein Knie fallen. Wieder fegte seine Klinge knapp über das zertrampelte Gras und durchschnitt seinem Gegner von hinten die Sehnen über beiden Fussgelenken. Laut schreiend brach dieser zusammen und wälzte sich brüllend vor Schmerzen über den Boden. Doch der Kapitän war schon wieder aufgesprungen und rannte ebenfalls in Richtung des Herzogs.

Hans, der Riese, und zwei weitere ihrer Männer kamen Siegmund immer näher. Verzweifelt versuchten habsburgische Kämpfer sie zu stoppen, jedoch vergebens.

Angst stand in Herzog Siegmunds Gesicht. So nah war er gewesen an einem totalen Sieg, nun war die Ordnung seiner Männer völlig zusammengebrochen. Obwohl sie den restlichen Eidgenossen zahlenmässig immer noch weit überlegen waren, konnten die meisten gar nicht zu ihnen vordringen.

Die Eidgenossen kämpften auf engstem Raum und die meisten der Habsburger mussten zuerst bei ihren eigenen Reihen anstehen, um überhaupt bis zu ihnen zu gelangen.

Der Hüne tobte sich durch die ihm entgegentretenden Männer, bis er schliesslich zu dem Standort des Herzoges gelangte.

Siegmund geriet in Panik, schrie irgendwelche Befehle, aber keiner seiner Männer schien ihn zu hören. Der Herzog wollte fliehen, riss an den Zügeln seines Pferdes und das Ross stieg auf die Hinterbeine. Siegmund, nicht darauf vorbereitet, rutschte aus einem der Steigbügel und viel rücklings zu Boden. Er landete auf dem Rücken, schnappte nach Luft. Und genau in diesem Moment türmte sich der Riese über ihm auf. Die Axt stieg nach oben, bereit für den fatalen Schlag. In den Augen des Hünen blitzte kalte Wut.

«Nein!» Hans Waldmann stand neben dem grossen Kämpfer und hob seine Hand. Der Hauptmann, selbst nicht von schmächtiger Statur, wirkte klein neben dem riesigen Mann mit der erhobenen Axt.

«Nein! Sie würden uns alle niedermachen», sagte Waldmann ruhig.

Matthias sah zu ihnen. Herzog Siegmund lag immer noch auf dem Rücken, regte sich nicht. Sein Blick hing an der mit rotem Blut überzogenen Schneide der Axt. Das Blut lief langsam die Klinge herunter und tropfte ihm auf den Kopf. Er schien es nicht mal zu bemerken. Er atmete schwer und in seinem Gesicht stand die reine, nackte Angst.

Waldmann sah den Herzog an und ruckte fragend mit dem Kopf.

Siegmund verstand.

Die Angst in seinem Gesicht wich der Hoffnung und er holte tief Luft.

«Halt!», schrie der Herzog, so laut er konnte. Dann noch einmal: «Halt! Legt die Waffen nieder!»

Hauptmann Waldmann lächelte leicht und nickte.

«Lass ihn nicht aus den Augen!», befahl er dem Hünen, dann sah er zu Matthias.

Dieser schloss die Augen und schickte ein Dankgebet in den Himmel.

Waldmann kam zu ihm und ohne ein Wort zu sagen, schloss er ihn in die Arme.

Sie liessen den Herzog am Leben. Nur so konnten sie sicher sein, dass seine Männer die Eidgenossen nicht aus Rache massakrieren würden. Denn Waldmann und Matthias waren sich durchaus bewusst, hätten sie es nicht bis zu Herzog Siegmund geschafft, wären sie irgendwann der schieren Übermacht unterlegen.

Und jetzt tot.

Der habsburgische Herzog versprach ihnen im Gegenzug für sein Leben, mit seinen Männern abzuziehen und die Eidgenossen nicht mehr zu behelligen. Auch musste er ihnen die Beute aus Bonndorf und die Rinder überlassen.

Doch es waren nur noch wenige von ihnen übrig. Und davon waren zwei so übel zugerichtet, dass sie sie auf den Ochsenkarren hieven mussten. Die meisten waren tot oder lagen im Sterben.

Siegmunds Männer hatten alle Leichen vom Schlachtfeld geholt und sie am Waldesrand aufgeschichtet. Dann, ohne ihre Waffen, welche sie den Eidgenossen hatten übergeben müssen, zogen sie auf dem Weg nach Osten in Richtung Bonndorf ab.

Die zwei Handvoll Eidgenossen luden die Waffen der Habsburger ebenfalls auf den Wagen, nahmen ihre Pferde an die Hand und gingen langsam, die Rindviecher vor sich hertreibend, in Richtung Süden.

Hinein in das dunkle Tal der Steinach.

Im selben Moment vernahmen sie Pferdegetrappel.

Matthias blickte hoch. Sein Körper schmerzte an unzähligen Stellen und in seinem Kopf schien immer noch ein Schmied sinnlos mit dem Hammer auf einen Amboss einzuschlagen.

Aus Westen kamen drei Reiter auf die Lichtung.

Und dahinter marschierte ein Heer.

«Was zum …?», sagte Waldmann leise, der neben Matthias herging, sein Pferd an den Zügeln haltend.

«Berner!», antwortete dieser, Ungläubigkeit in seiner Stimme.

Hans sah zwischen dem Kapitän und den näherkommenden Reitern hin und her. Ein Ruf ertönte und das Heer stoppte. Zwei der Reiter näherten sich weiter.

«Petermann von Wabern und …»

«Der verfluchte Arsch Von Diesbach», unterbrach ihn Waldmann.

Die beiden Berner Heerführer hielten ihre Rösser in gebührendem Abstand zu ihnen an.

«Was ist hier passiert?», fragte Von Diesbach ohne Anrede. Weder der Hauptmann noch Matthias antworteten ihm.

«Los, macht, dass Ihr weiterkommt. Wir kommen nach», rief Waldmann seinen Männern zu.

«Hauptmann?», fragte der Hüne, welcher die Zügel des Ochsengespannes hielt.

«Ist schon gut», antwortete Matthias an Hans' Stelle. «Tut, wie Euch geheissen.»

Die beiden drehten sich zu den Bernern um.

«Ich fragte …», begann Von Diesbach, doch Waldmann unterbrach ihn: «Wir haben Euch gehört.» Weiter sagte er nichts.

Einen Moment lang herrschte Stille.

«Seid Ihr überfallen worden, Hauptmann?», fragte schliesslich Petermann von Wabern und Waldmann nickte nur.

«Von Herzog Siegmund», antwortete er dann doch noch. «Die Männer aus Bonndorf wurden von Siegmund gestellt und wir haben ihnen versucht zu Hilfe zu eilen.»

«Und Ihr hier seid alles, was übriggeblieben ist?» In Von Waberns Stimme schwang Skepsis mit.

Als der Hauptmann nicht antwortete, tat es Matthias an seiner Stelle: «Der grösste Teil der Schwyzer ist schon vor unserem Eintreffen geflohen.»

«War es nicht Euer Bruder, der sie angeführt hat?» Von Diesbach lachte ein bösartiges Lachen und seine Stimme war gefüllt mit Hohn. Matthias spürte, wie Hans neben ihm vor Wut erzitterte und er legte ihm beruhigend die Hand auf den Arm.

«Lasst ihn nur, Von Altstetin. Ich hätte nichts dagegen.» Immer noch grinste Von Diesbach böse.

«Was tut Ihr eigentlich hier?», fragte Matthias. «Müsstet Ihr nicht den Ansturm auf Waldshut vorbereiten?»

«Was erdreistet Ihr Euch?» In Von Diesbachs Stimme war der Hohn dem Zorn gewichen. «Es geht Euch einen verdammten Dreck an, was wir hier tun.»

«Ihr habt das Lager verlassen! Ihr habt die Belagerung verlassen!» Matthias Stimme zeigte Entsetzen.

«Wir hatten unsere Gründe, Kapitän», antwortete jetzt Von Wabern ruhig. «Und der Schultheiss hat recht. Diese Gründe gehen Euch nichts an.»

«Und jetzt nehmt Eure Rindviecher und geht nach Hause. Verkriecht Euch irgendwo und seht zu, dass Euch die Kühe nicht zu Tode trampeln. Die sind wahrscheinlich schlauer als Ihr.» Von Diesbach lachte erneut ohne den geringsten Humor.

Irgendetwas klickte in Matthias' Kopf.

Ob es wegen der Schmerzen darin, der Müdigkeit oder seinem Beinahe-Tod auf dem Schlachtfeld gewesen war, vermochte er später nicht mehr zu sagen.

Der Kapitän machte zwei Schritte auf die beiden Reiter zu.

«Was seid Ihr nur für ein elender Feigling, Von Diesbach!», schrie Matthias. «Ihr seid nichts weiter als ein falscher, elender Lump! Einer mit einem teuren Schwert an der Seite, aber wenn Ihr es ziehen müsst, scheisst Ihr Euch in Euren Wams.» Seine Augen blitzten. «Kommt herunter von Eurem Gaul und wir beenden dies hier und jetzt!» Matthias zog sein Schwert aus der Scheide. «Los! Ihr feiges Schwein! Ich bohre meine Klinge in Euer Gesicht, das schwör ich Euch! Ich muss dabei nur aufpassen, dass ich es nicht mit Eurem Arsch verwechsle, die sehen sich nämlich ausgesprochen ähnlich.» Seine Stimme wurde ruhiger, dafür aber eiskalt. «Ich habe eigentlich für heute genug Männer getötet. Aber für Euch mache ich eine Ausnahme. Auf einen verlogenen, verfluchten, feigen Verräter, wie Ihr einer seid, kommt es auch nicht mehr an!»

Schultheiss Niklaus von Diesbach war kreideweiss. Dann wechselte seine Gesichtsfarbe auf rot und er stieg aus dem Sattel.

«Nein!», rief Von Wabern, doch der Schultheiss schien ihn nicht zu hören. Auch er zog sein Schwert, kam langsamen Schrittes auf Matthias zu, die Klinge erhoben.

«Schultheiss Von Diesbach!», donnerte Petermann von Wabern und jetzt blieb der Berner stehen.

Matthias bebte vor Wut. Er wollte auf den Berner zugehen, aber eine Hand legte sich auf seine Schulter. Matthias dachte, es sei diejenige von Hans, und versuchte sich loszureissen. Aber es ging nicht. Die Hand blieb und sie hielt ihn an Ort und Stelle.

«Es ist gut, Kapitän», sagte eine tiefe, basslastige Stimme. Und noch einmal: «Lasst gut sein, Kapitän.»

Auch Von Wabern sprach: «Los, Schultheiss, steckt die Waffe weg und steigt auf Euer Pferd; wir marschieren weiter.»

Die beiden Männer bewegten sich nicht. Ihre Blicke waren ineinander verkeilt, konnten sich nicht voneinander lösen.

Doch die Hand auf Matthias' Schulter drückte und es schien ihm plötzlich, als würde das Gewicht der ganzen Erde, ja des ganzen Universums auf ihm lasten.

Die Farben vor seinen Augen verblassten wie bei einer Sonnenfinsternis. Seine Knie gaben nach und er musste all seine Willenskraft aufbringen, um nicht auf die Erde zu sinken.

«Er ist es nicht wert», sagte die tiefe Stimme hinter ihm und Matthias wusste, die Stimme hatte recht.

Er löste seinen Blick von demjenigen Von Diesbachs, schob sein Schwert zurück in die Scheide und drehte sich ohne ein weiteres Wort um.

Der Hüne sah ihn mit ruhigem Blick von oben her an. Dann nickte er, lächelte leicht und Matthias seufzte tief.

«Was …», begann Von Diesbach zu rufen, wurde aber von Petermann von Wabern sofort unterbrochen: «Ich will kein einziges Wort mehr hören, Schultheiss. Auf das Pferd, und zwar jetzt!»

Matthias sah nicht einmal mehr hin. Er fühlte sich so unglaublich müde.

Er blickte zu Hans, welcher wie aus Stein gemeisselt immer noch an derselben Stelle stand. Die Zähne des Hauptmannes knirschten.

«Komm, Hans. Lass uns zurückgehen.»

Wie in Trance drehte sich nun auch der Hauptmann um und die drei Männer schritten langsam zurück zu ihren Soldaten und den Pferden.

Dann plötzlich blieb Matthias stehen und Hans und der Riese sahen ihn stirnrunzelnd an.

«Wie ist eigentlich Euer Name?», fragte er den Hünen und sah zu ihm auf.

Dieser lächelte leicht. «Mein Name ist Sven, Kapitän. Sven Ivarsson von Einsiedeln.»

Matthias sah zu Waldmann, dieser nickte.

«Willkommen in unserer Truppe, Sven Ivarsson von Einsiedeln.» Er seufzte leise. «Und jetzt, lasst uns nach Hause gehen.»

Waldmann nickte. «Ich brauche jetzt einen guten Becher Wein.» Dann schüttelte er den Kopf. «Was will ich mit einem einzelnen, verfluchten Becher?» Er sah zu Matthias und Sven. «Ein verdammtes Fass brauchen wir.»

Alle drei lächelten.

ENDE

Mehr Lesestoff über die Eidgenossen

Stürzen Sie sich jetzt ins nächste Abenteuer mit den Eidgenossen Matthias, Hans und Sven. Der zweiteilige Zyklus «Die Burgunderkriege» behandelt den Kampf der Schweizer Städte gegen den Burgunder Herzog Karl den Kühnen. Für Matthias aber geht es bald um viel mehr als nur seine Ehre …

In dieser Reihe sind bisher erschienen:

Zyklus «Die Burgunderkriege» (abgeschlossen)

1. Die Nacht am Feuer Band 1 – Die Schlachten am Wasser

2. Die Nacht am Feuer Band 2 – Der Krieg im Winter

Einzelwerke

- Die Nacht am Feuer – Die Vorgeschichte

Begleiten Sie Matthias, Hans Waldmann und Sven im Kampf gegen den machthungrigen Herzog Karl, der die eidgenössischen Städte unterwerfen möchte.

Karl der Kühne konnte fliehen und seine Armee neuformieren. Schon bald kommt es bei Nancy zur Entscheidungsschlacht. Für Matthias geht es um mehr als nur seine Ehre …

Die Nacht am Feuer Band 1
jetzt auf Amazon kaufen:

https://www.amazon.de/s?k=mittelalter+ro-
mane&rh=p_78%3AB0CV85JRD4

Die Nacht am Feuer Band 2
jetzt auf Amazon kaufen:

https://www.amazon.de/s?k=historische+romane+mit-
telalter&rh=p_78%3AB0D2BR3927

Selbstverständlich auch überall erhältlich, wo es Bücher und E-Books gibt!

**Jetzt auf Ihrer Lieblingsplattform für Hörbücher
streamen oder herunterladen!**

Die Nacht am Feuer Band 1 – Die Schlachten am Wasser

Die Leseprobe behandelt die Schlacht um Grandson, in der Matthias und die Eidgenossen gegen Herzog Karl den Kühnen antreten.

Von unten waren geschriene Befehle, Hornstösse und Waffengeklirr zu hören. Das burgundische Heer kam in Bewegung, begann sich neu zu formieren. Auf der anderen Seite der Ebene, etwas erhöht, waren die Eidgenossen zu sehen. Auch sie befanden sich in Bewegung. Die eidgenössischen Kämpfer formierten sich ebenfalls neu, indem sie versuchten, ein grosses Viereck, einen sogenannten Gewalthaufen zu bilden. Obwohl das Heer es gewohnt war, in dieser Formation eine Schlacht anzugehen, benötigte diese Umformierung doch einiges an Zeit.

Aber auch ihr Gegner war noch lange nicht in der gewünschten Position.

«Warum greifen unsere Männer sie nicht einfach an?», fragte einer von Matthias' Männern.

Svens Bass brummte: «Das ist nur der eine Teil. Unsere Leute warten auf das zweite Kontingent.»

«Richtig», schaltete sich Matthias ein. «Und erst wenn die Schlacht richtig losgeht, dann schlagen auch wir zu. Wenn wir zu früh sind, stellen sie uns mit ihrer Rückhut.»

Wieder waren Hornstösse aus dem burgundischen Heer zu hören. Die Streitmacht des Gegners hatte endlich seine Umformierung abgeschlossen.

Zuvorderst waren nun die englischen Langbogenschützen in Stellung gebracht worden. Auf der einen Seite des Heeres wartete die Kavallerie, auf der anderen Seite derjenigen dem See zugewandt, das wenige an Artillerie. Der burgundische Herzog hatte einige Geschütze in Stellung gebracht. Diese bestanden vor allem aus sogenannten Feldschlangen, schmale, lange Kanonen, welche jeweils auf zweirädrigen Lafetten montiert waren. Aber es war nur ein Bruchteil dessen, was er eigentlich zur Verfügung gehabt hätte, doch für den Rest fehlte ihm einfach der Platz.

Ein lauter, in englischer Sprache gerufener Befehl ertönte und die Langbogenschützen der Burgunder begannen ihre Bögen zu spannen. Ein erneuter Ruf, und ein erster Pfeilhagel wurde gegen das eidgenössische Heer abgeschossen. Während die Pfeile noch unterwegs waren, donnerte es laut und Rauch stieg auf. Auch die Artillerie schoss eine erste Salve ab.

Doch ihr Gegner war vorbereitet.

Diese hatten unterdessen ihre neue Formation ebenfalls erreicht und dazu richteten sie tragbare Palisaden auf, hinter denen sie nun Schutz suchten. Die meisten der Pfeile knallten in die Hölzer, nur ein paar wenige trafen ein Ziel. Erste Schreie auf Seiten der Eidgenossen drangen zu den versteckten Beobachtern hoch. Auch einige der Kanonenkugeln fanden ihr Ziel, säten Schrecken und Tod. Aber die meisten der Artillerieschüsse waren zu kurz oder zu flach und prallten irgendwo weit vor ihren Zielen in den Boden.

Die Langbögen schossen Salve um Salve von Pfeilen auf ihre Gegner ab, während das Nachladen der eisernen Feldschlangen einiges an Zeit in Anspruch nahm.

«Haltet durch», murmelte Matthias leise. Mit Spannung beobachteten er und seine Männer das Geschehen unter ihnen.

Doch ihre Sorge schien unbegründet. Trotzig duckten sich die Eidgenossen bei jedem Pfeilhagel hinter ihre hölzernen Palisaden und kamen danach wieder zum Vorschein, nur um ihren Gegner alle erdenklichen Obszönitäten entgegenzuschreien. Es gab solche, die den Burgundern ihre Zungen herausstreckten, andere zogen sich sogar die Hosen herunter und zeigten ihre nackten Hinterteile.

Aber die Formation hielt.

Nach über einer halben Stunde feuerten die Kanonen endlich ihre zweite Salve ab.

Erneut ertönten Schreie, als die Kugeln in die eidgenössischen Reihen hineinschossen. Sofort wurden die Lücken in der Formation jedoch wieder geschlossen, die Eidgenossen blieben standhaft. Und das Heer bewegte sich nicht. Trotzig blieb es, wo es war.

Rauch zog über die Burgunder hinweg. Plötzlich ertönten wieder Hornstösse und die Langbogenschützen verliessen ihre Stellung in den vordersten Reihen.

«Es geht los», flüsterte einer von Matthias' Söldnern und gespannt sahen sie, wie die Reiter der Burgunder sich bereit machten. Schwer gepanzerte Ritter wurden auf ihre Rösser gehievt, die Knappen halfen den eisenbewehrten Kämpfern, in ihre Sättel zu gelangen. Lanzen wurden gereicht, wunderschöne, farbenprächtige Fahnen in die Höhe gehalten.

Doch auch ihre Gegner waren nicht tatenlos. Harsthörner wurden geblasen, ein lautes Tosen ausstossend.

Die Soldaten und Söldner der Eidgenossenschaft begannen sich wieder neu zu gruppieren. Befehle waren zu hören und die Gruppe von Matthias konnte beobachten, wie die Männer versuchten, das schmale Viereck in ein breiteres zu verwandeln. Männer rannten umher, suchten ihre Position, während ihre Kapitäne mit Schreien, Pfeifen und Hornstössen versuchten, Ordnung in das Chaos zu schaffen.

«Gütiger Gott», murmelte der Mönch, der hinter seinem Kapitän in einem grossen Farnstrauch lag, «jetzt macht doch schon.»

Währenddessen schienen die Burgunder aber ähnliche Probleme zu haben. Auch bei ihnen waren Pfiffe und gellende Befehle zu hören, und auch hier benötigte das Heer einige Zeit, um seine Formation wieder zu ändern. Es schien, als ob Karl seine Reiterei nun einsetzen wollte, da die Pfeile der Langbögen durch die Palisaden ihre Wirkung verfehlten und die wenigen Geschütze einfach viel zu lange benötigten, um wieder nachzuladen.

Matthias und seine Männer konnten ob der unverständlichen Taktik des burgundischen Herzogs nur die Köpfe schütteln. Die Beobachter im Wald sahen, wie Karl seine Kavallerie versuchte, ganz nach vorne an die Spitze seines Heeres zu dirigieren. Als dies schliesslich gelang, hatten sich die Eidgenossen auf der anderen Seite des Feldes aber ebenfalls schon neu gruppiert. Sie bildeten jetzt ein breites, dicht gefülltes Viereck, dessen vordere Seite durch die hölzernen Palisaden zusätzlich verstärkt war. Die Kämpfer in der ersten Reihe knieten jeweils auf einem Bein.

Matthias und seine Männer wussten, was dies bedeutete.

«Er macht alles falsch, was er nur falsch machen kann», bemerkte Rolf, einer von Matthias' Männern, ein grosser Blondschopf aus Rapperswil.

61

«Gott sei es gedankt, Rolf», antwortete der Kapitän, er bekreuzigte sich dabei. «Der Arsch wird sich den Kopf einrennen mit seinen Pferden und Rittern.»

«Dort ist er», brummte Sven und zeigte auf einen Reiter auf einem wunderschönen, grossen Schimmel. Die Decke des Pferdes war silbern und mit goldenen Fäden durchwirkt und gross war darauf ein klauenbewehrter schwarzer Löwe auf goldenem Grund zu sehen. Der Sattel war mit Silber beschlagen und die schwarz–goldene Rüstung glänzte in der Sonne.

Umgeben war der Herzog von seinen Offizieren, ebenfalls auf ihren Pferden sitzend und seiner Leibgarde. Er schien erbost zu sein, da er heftig mit seinen Armen fuchtelte und irgendwelche Befehle schrie. Was er rief, konnten die Söldner im Wald nicht verstehen.

Die burgundische Kavallerie war nun bereit und breit aufgefächert. So begannen die stolzen, in ihren Rüstungen hell glänzenden Ritter auf ihren Gegner los zu galoppieren. Die schwer gepanzerten Reiter trugen lange Lanzen, die sie sich jeweils unter einen Arm geklemmt hatten. Auch ihre grossen Streitpferde waren gepanzert. Die eisernen Platten der Rüstungen von Pferd und Reiter klapperten laut, die Visiere der Helme waren geschlossen.

Sie sahen aus wie Wesen aus einer anderen Welt. Die Sonnenstrahlen reflektierten sich auf den auf Hochglanz polierten Eisenteilen der Rüstungen und den eisernen Spitzen ihrer Lanzen. An den Helmen waren lange Mähnen aus Federn oder Stoff befestigt, und diese wehten hinter den Reitern her.

Sie mussten bergan reiten, was der Kavallerie etwas an Geschwindigkeit nahm und den Eidgenossen auf der anderen Seite des Schlachtfeldes genug Zeit gab, sich auf den Ansturm vorzubereiten. Wiederum gellten von dort Hornstösse durch die Luft.

«Haltet stand», flüsterte einer der Söldner und Matthias sah ihn an. «Werden sie», versicherte er. Und etwas leiser zu sich selbst: «Sie müssen.»

Gespannt sahen sie, wie die gepanzerten Reiter in einer breiten, weit aufgefächerten Formation in zwei Reihen hintereinander gegen das gegnerische Heer galoppierten. Auch wenn sie die

Gegenmassnahmen ihrer Landsleute kannten, hielten die Söldner den Atem an.

Die Geschwindigkeit der Ritter war atemberaubend. Mit jedem Augenblick kamen sie dem Gegner näher.

«Nun macht schon», sagte einer der Söldner.

«Nein, wartet!», flüsterte sein Kapitän zurück. «Wartet!» Und noch einmal: «Wartet!»

Die schweren Pferde kamen den Eidgenossen näher und näher.

«Jetzt!», flüsterte Matthias.

Ein lauter, gellender Pfiff war zu hören und die Reihe der burgundischen Ritter senkten ihre Lanzen nach vorne, ohne ihre Geschwindigkeit zu verlangsamen.

Sie wollten die in ihrem Viereck formierten Gegner mit voller Wucht über den Haufen reiten. Die Distanz verringerte sich weiter. Sie hatten ihr Ziel fast erreicht.

Es schien, als ob das ganze Schlachtfeld den Atem anhielt.

Nur das Donnern der Hufe und das Klappern der Rüstungen war zu hören, dann plötzlich ertönte laut, dumpf und unheimlich der Klang eines einzelnen Harsthornes und die vordersten Reihen der Eidgenossen bewegten sich.

Keinen Augenblick zu früh.

Wie auf das Kommando von Matthias hin hoben sie Hellebarden auf, welche unsichtbar für die Burgunder vor ihnen auf dem Boden gelegen hatten.

Die erste Reihe der Eidgenossen legten die über zwanzig Fuss langen Waffen, was über drei Manneslängen entsprach, in Aussparungen in den Hölzern der aufrechtstehenden Palisaden, als würden daraus riesige, furchterregende Stacheln erwachsen. Die hinteren Enden der Stangen wurden indes in den Boden gedrückt. Auch die zweite und dritte Reihe der eidgenössischen Formation hoben ihre Langwaffen auf und hielten sie in verschiedenen Winkeln nach vorne und oben, während sie mit ihren Füssen diese gegen ein Wegrutschen absicherten.

Aus dem Viereck von Menschen war ein riesiger, eisenbewaffneter Igel geworden.

Unter der burgundischen Kavallerie brach Panik aus.

Die Hellebarden waren länger als die mobilen Lanzen der Ritter und diese versuchten nun irgendwie, mit ihren Pferden nach rechts oder links auszuweichen. Doch die Geschwindigkeit war zu hoch, der Zeitpunkt zu spät und der Platz dafür viel zu eng.

Unter lautem Knallen trafen die Ritter auf die Eidgenossen.

Die langen Spitzen der Hellebarden durchbohrten die Panzerungen von Pferden und Reitern als wären diese nicht aus Stahl, sondern Papier.

Chaos.

Pferde brachen zusammen und schleuderten ihre Reiter nach vorne in die wartenden Spitzen der Waffen der nächsten Reihen hinein. Andere knickten zur Seite und begruben ihre Besitzer unter sich oder bäumten sich auf und warfen die auf ihnen sitzenden Ritter ab. Blut von Pferden und Menschen ergoss sich über die Kämpfer in den vordersten Reihen, lief über den Boden, färbte das Gras rot. Gellende Schreie von Tieren und Männern waren zu hören.

Tote und Verletzte säumten die Front vor dem eidgenössischen Heer.

Fast die komplette erste Reihe der burgundischen Reiterei war den langen, spitzen Hellebarden zum Opfer gefallen. Die zweite Reihe versuchte indessen auf jede erdenkliche Weise den riesigen Stacheln zu entkommen, doch beim Versuch, ihre Pferde irgendwie zur Seite zu dirigieren, kamen sich die Ritter gegenseitig in die Quere. Nicht wenige fielen beim Versuch von ihren Pferden, oder ihre Reittiere stolperten über die auf dem Boden liegenden Leiber. Die Eidgenossen liessen ihre Stangenwaffen auf die am Boden liegenden Tiere und Menschen hinunterfahren, schlugen blind mit den Spitzen und Haken auf sie ein. Obwohl völlig ungezielt, trafen viele dieser Hiebe.

Noch mehr Blut tränkte den Boden. Markerschütternde Schreie gellten wieder durch die Luft, mischten sich mit dem Donnern der Hufe von fliehenden Rittern und der Rösser, die ohne Reiter davon galoppierten.

Und dem Jubeln der Sieger.

Matthias und seine Männer sahen, dass auch auf ihrer Seite Verluste zu beklagen waren, jedoch höchstens eine Handvoll von

Männern. Kaum waren die Reiter Karls geflohen, schafften sie ihre Verletzten und Gefallenen nach hinten und ersetzten diese durch neue Männer.

Die burgundischen Reiter galoppierten indessen in Richtung ihres eigenen Heeres zurück, wo sie vom Herzog und seinen Befehlshabern empfangen wurden. Die Reiterei war über die Hälfte dezimiert worden. Es war eine harte erste Niederlage.

Matthias bemerkte, wie der Herzog auf seine Ritter einschrie. Immer wieder drehte er seinen Schimmel im Kreis, brüllte sie dabei an. Der Hauptmann der Kavallerie schrie irgendetwas zurück, gestikulierte in den Steigbügeln stehend.

«Das war eine richtige Klatsche», meinte Linhart von Klosters. «Da haben sie jetzt ihr Fett abgekriegt. Das sollte ihnen eine Lehre sein.»

Der Kapitän stimmte seinem Söldner zu. «Ja sollte es, aber sie werden nicht aufgeben.» Matthias nickte mit dem Kopf in Richtung des Schlachtfeldes. «Da, er treibt sie erneut an.»

Und tatsächlich begannen sich die Ritter der Burgunder wieder zu formieren.

Es war noch einmal dasselbe Gemetzel.

Erneut zeigten die Eidgenossen eine eiserne Disziplin, blieben somit Herr der Lage und konnten auch diesen Frontalangriff mit ihren langen Hellebarden abwehren. Und wieder blieben vor ihren Reihen Reiter und Pferde zurück und erneut färbte sich der Boden blutrot.

Doch auch nach diesem weiteren zurückgeschlagenen Angriff blieb der Herzog stur.

Zum Entsetzen aller trieb Herzog Karl seine Reiterei auch ein drittes Mal gegen den eisernen Igel. Und auch das dritte Mal wurden die gepanzerten Reiter blutig in die Flucht geschlagen.

Die Sonne stand schon hoch über dem Schlachtfeld, als der Herzog jetzt endlich Milde mit seiner Kavallerie zeigte und schliesslich seine Offiziere um sich scharte, während die schwer geschlagenen Ritter an ihm vorbei zurück zu ihrem Ausgangspunkt schlichen. Unter den Männern um den Herzog war auch einer zu erkennen, der bei Matthias ein komisches Gefühl hervorbrachte. Über den Grund war er sich aber nicht klar.

65

Auch Linhart hatte den Mann bemerkt und zeigte mit dem Finger auf ihn: «Condottiere!», sagte er nur leise.

«Du kennst ihn?», fragte der Söldner, welcher neben Linhart lag, aber dieser verneinte: «Condottieri ist kein Familienname, sondern die Bezeichnung für Söldner, welche aus Venezien stammen. Ganz üble Burschen.» Sein Blick war hasserfüllt und er hatte die Lippen aufeinandergepresst.

«Woher ...?», fragte der andere, doch er bekam keine Antwort. Es schien, als ob dies ein Thema war, worüber der Kämpfer aus Klosters nicht sprechen wollte. Matthias sah ihn einen Moment an, nickte dann und blickte wieder auf das Schlachtgeschehen hinunter.

Dabei stellte er fest, dass die Diskussion zwischen Herzog Karl und seinen Offizieren äusserst heftig geführt wurde. Von Einigkeit schien keine Rede zu sein. Währenddessen bemerkte er, wie die eidgenössischen Streiter Wasser und Brote in ihren Reihen verteilten und versuchten, sich auszuruhen.

«Je länger die Schweine diskutieren, desto besser für uns», meinte er zu seinen Männern.

Sven neben ihm, gab seinem Kapitän recht: «Diese Pause wird dringend benötigt. Die Sonne steht schon hoch und es ist warm für einen Märztag.»

«Ja und die Attacken waren heftig», antwortete Matthias.

«Wo ist unser zweites Kontingent?», fragte Friedrich, der Mönch. «Es sollte schon längst hier sein.»

«Es ist hier!» Woher Matthias das wusste, sagte er nicht. Der Mönch sah ihn stirnrunzelnd an, zuckte dann mit seinen Schultern. Er wusste, sein Kapitän würde sich nicht irren.

Die Unterredung von Herzog Karl und seinen Befehlshabern schien beendet zu sein. Die Offiziere schwärmten aus in Richtung ihrer verschiedenen Heeresteile, während der Herzog, begleitet von seiner Leibwache, zu seiner geschundenen und dezimierten Kavallerie ritt.

Wiederum waren laute Befehle und Pfiffe zu hören. Die verschiedenen Teile des burgundischen Heeres begannen sich zu bewegen.

Matthias wandte sich leise zu seinen Männern: «Macht Euch bereit!»

Die Befehle waren verteilt, die Männer wussten, was zu tun war. «Sobald es richtig losgeht, müssen wir schnell sein.» Sie nahmen ihre Waffen in die Hände, stellten sicher, dass die Schwerter lose in den Scheiden lagerten. Dann warteten sie, sahen gespannt nach unten auf das Schlachtfeld.

Dort war das burgundische Heer immer noch in Bewegung, versuchte eine weitere Formationsänderung. Auf der anderen Seite des Feldes dagegen blieben die Eidgenossen in ihrem Viereck, hielten ihre Formation noch immer. Die Hellebarden lagen wieder auf dem Boden, während die Kämpfer auf dem Boden sassen, Essen und Getränke herumreichten.

Laut hallten drei Stösse eines Harsthornes durch die Luft. Der dumpfe Klang wallte über das Schlachtfeld, erschütterte die Burgunder bis auf die Knochen.

Und im nächsten Augenblick brach die Hölle los.

Karl, immer noch auf seinem riesigen Schimmel sitzend, blickte sich entsetzt um.

Die eidgenössischen Kämpfer, welche bis jetzt die Pause der Schlacht genutzt hatten, um sich zu erholen, sprangen auf, griffen wieder zu ihren Waffen.

Noch einmal heulten drei Hornstösse über das Schlachtfeld. Wie erstarrt blickte Karl zu seinem Gegner, sah wie diese begannen, ihr Viereck bergab zu bewegen.

In diesem Moment begann das zweite Kontingent des eidgenössischen Heeres aus dem Wald zu strömen. Es war, als ob ein vielköpfiges Monster mit Tausenden eisenbewehrten Klauen sich aus dem Wald heraus wälzte, brüllend und schreiend. Nach Blut lechzend.

Unter lautem Toben rannten Kämpfer aus dem Unterholz auf das Schlachtfeld, trafen die burgundischen Truppen von der Seite. Auch das Viereck, das bisher so diszipliniert gehalten worden war, löste sich auf und es ergoss sich eine Welle von furchterregenden Kämpfern auf die entsetzten Burgunder.

* * *

«Jetzt!», schrie Matthias.

Er und seine Männer sprangen auf und rannten aus dem Unterholz auf den hinteren Teil von Karls Heerlager zu.

Während Sven und seine Gruppe sich auf die Zelte mit den Waffen und der Munition konzentrierten, sprintete Matthias mit fünf seiner Söldner zu der Mitte der Zeltstadt. Sie sprangen über Halteseile und Pflöcke, umrundeten kalte Lagerfeuer und Kochstellen. Alle hatten sie ihre Schwerter gezogen. Matthias trug das Langschwert, das er dem burgundischen Grafen in Vaumarcus abgenommen hatte.

Er umrundete das schneeweisse Zelt eines Offiziers, das schön mit blauen und goldenen Lilien verziert war, und sah sich der scharf geschliffenen Spitze einer Partisane, eines über einen Klafter langen Speeres gegenüber.

Er konnte gerade noch seinen Kopf auf die Seite reissen und die Spitze der einer Hellebarde nicht unähnlichen, aber etwas kürzeren Waffe, welche mitten auf sein Gesicht gezielt hatte, schrammte nur um Haaresbreite an seinem Auge vorbei. Das Klingenblatt streifte sanft seine Wange, schnitt ihm dabei die Haut auf.

Matthias drehte sich instinktiv zur Seite, liess sich vornüberfallen, vollführte über die linke Schulter eine Rolle, wobei er sein Schwert mit dem rechten Arm weit von sich hielt. Er beendete den Überschlag auf seinen Knien, hatte sich dabei um einhundertachzig Grad gedreht und schlug, bevor dieser sich überhaupt umdrehen konnte, mit seinem Schwert von hinten in die Knie seines Gegners. Die Klinge des Langschwertes durchtrennte die Sehnen beider Kniekehlen des Burgunders, er schrie gellend auf. Der Bewegung seiner Beine beraubt, brach er zusammen und blieb zuckend und schreiend liegen.

Matthias seinerseits war schon wieder auf den Beinen und rannte weiter. Blut lief ihm übers Gesicht, aber er hatte keine Zeit darauf zu achten.

Nur ein paar Zelte weiter stoppte ihn wieder eine auf ihn gerichtete Klinge. Er konnte Waffengeklirr in seiner Nähe hören. Auch seine fünf Männer waren in Kämpfe verwickelt.

Er musterte seinen Gegner. Dieser war mit einem weissen Wams bekleidet, auf seiner Brust prangte gross das Wappen von Herzog

Karl, gehalten von zwei gestickten goldenen Löwen, was den
Mann als Mitglied der herzoglichen Garde zu erkennen gab. Auf
dem Kopf trug er einen polierten, kesselförmigen Helm, an dessen
hinteren Rand ein Schutz aus ineinander geflochtenen Eisenrin-
gen befestigt war. Matthias bemerkte die metallenen Schienen, die
die Schienbeine bedeckten.

Und er bemerkte die Angst in den Augen seines Gegners.

Der Burgunder war noch jung, fuchtelte leicht mit seiner über
acht Fuss langen Lanze vor Matthias Gesicht. Doch er hatte sein
Leben schon verwirkt. Die grossen Augen, der heftige Atem und
das leichte Zittern seiner Hände zeigten dem Kapitän, dass sein
Gegner noch keine allzu grosse Kampferfahrung hatte. Kurz kam
Matthias der Gedanke, wie ein solcher Jüngling wohl in des Her-
zogs Garde aufgenommen werden konnte, aber er wischte den
Gedanken sogleich wieder weg.

Matthias lächelte böse, neigte seinen Kopf zur Seite. Hörbar sog
der Burgunder die Luft ein, die Spitze seiner Partisane zuckte. Der
Kapitän pendelte mit seinem Oberkörper leicht, die Spitze der
Partisane bewegte sich mit ihm. Plötzlich ruckte Matthias mit dem
Oberkörper nach rechts, nur um sich dann sofort nach links zu
werfen. Die Langwaffe des jungen Burgunders versuchte zu folgen, aber für diese schnellen Bewegungen war sie zu schwer oder
der Jüngling zu langsam.

Matthias tauchte links unter die Spitze hindurch, riss dabei sein
Langschwert schräg nach rechts oben und traf mit der rasiermes-
serscharfen Klinge genau in den Schritt seines Gegners. Sofort
drückte er sie mit aller Kraft weiter hoch und zog das Schwert
gleichzeitig zurück, spürte, wie die frisch geschliffene Schneide
Fleisch und Weichteile zerschnitt. Er machte einen weiteren
Schritt nach links, zog dabei sein Schwert mit und ging einfach an
dem Mann vorbei.

Der weisse Wams seines Gegners färbte sich rot, als das Blut pul-
sierend aus der durchtrennten Arterie spritzte. Der junge Burgunder sank auf die Knie, das Gesicht bleich, die Augen mit Tränen
gefüllt. Immer noch spritze das Blut bei jedem Herzschlag in einer
weiten Fontäne aus der Wunde, dann plötzlich hörte es auf zu
sprudeln und er fiel vornüber.

Matthias sah dies nicht mehr, er hastete schon weiter.

Er und seine Männer rannten zwischen den Zelten hindurch, immer weiter in Richtung Mitte des Lagers.

Überall um sie herum herrschte Chaos. Menschen rannten hin und her, jedoch die wenigsten davon waren Kämpfer, und niemand weiter hielt sie auf. Matthias konnte den tosenden Lärm der Schlacht hören. Vom hinteren Teil des Lagers war ein lauter Schrei einer Frau zu vernehmen. Er grinste in sich hinein. Sven, dachte er, dann standen er und seine Männer vor ihrem Ziel.

…

Wie geht die Schlacht um Grandson aus? Erfahren Sie es in «Die Nacht am Feuer Band 1»!

Link: https://www.amazon.de/s?k=mittelalter+romane&rh=p_78%3AB0CV85JRD4

Historische Notizen

Die Eidgenossenschaft war im 15. Jahrhundert eine militärische Grossmacht. Von der heutigen Neutralität war damals gar nichts zu spüren, weder war sie gewollt und das Land «Schweiz» war noch in ferner Zukunft. Unter machthungrigen Politikern wie Hans Waldmann oder Niklaus von Diesbach, die sich durch militärische Erfolge in ihre Positionen bringen konnten, war eine Expansionspolitik im Gange, welche erst durch die schwere Niederlage der Eidgenossen in Marignano endete. Es ging auch nicht nur um Freiheit oder den Kampf der «kleinen Eidgenossenschaft» gegen die «bösen Aggressoren», wie das uns früher in den Schulen noch gelehrt wurde, sondern vor allem darum, das eigene Territorium – und somit die eigene Wirtschaftsmacht – zu vergrössern.

Und bis zum heutigen Tage ist die Figur von Hans Waldmann umstritten. Zum einen ist er der einzige Zürcher Bürgermeister, der eine Statue auf dem Stadtgebiet erhalten hat, zum anderen wird er darauf *nur* als Bürgermeister, Staatsmann und Feldherr geehrt, nicht aber als Politiker.

Wenn man etwas tiefer gräbt in den – zugegebenerweise spärlichen und vor allem nicht immer wirklich zeitlich akkuraten – Unterlagen, zeichnet sich das Bild eines Menschen, der keinem Streit aus dem Wege ging und diese Streitlust in den Kämpfen der Eidgenossenschaft gut für seine Ambitionen hatte nützen können. Doch soll unsere Geschichte hier kein Werturteil eines Mannes sein, den wir alle persönlich nicht kannten, sondern vor allem eines: eine spannende und fesselnde Geschichte, die Sie, werter Leser, werte Leserin, in unsere gemeinsame Vergangenheit zurückversetzen soll.

Auch ist diese Geschichte hier kein historisches Nachschlagewerk, dafür haben wir unsere Schulbücher und Hunderte von Dokumenten und Werke in den Bibliotheken und Museen unseres Landes, sondern soll Sie als Leser vor allem eines: richtig gut unterhalten.

So habe ich es gewagt, um des Dramas willen Einiges an Änderungen vorzunehmen, die entweder so nicht passiert oder einfach nicht überliefert sind. Als Beispiel hatten die Eidgenossen zwar das Schlösschen Vaumarcus angegriffen, um Karl den Kühnen vor Grandson in Bewegung zu bringen (was ihnen auch gelang), aber der Handstreich selbst misslang und sie mussten ein Detachement vor Ort belassen, um die Burg zu belagern. Aber natürlich wollte ich unseren Protagonisten nicht schon in ihrer ersten Handlung als Verlierer darstellen.

Auch wer zuletzt Herzog Karl den Kühnen erschlagen hat, ist nicht erwiesen. Bekannt ist nur, dass seine nackte, geplünderte Leiche drei Tage nach der Schlacht von Nancy aufgefunden wurde. Es wird angenommen, dass ein deutscher Söldner in Diensten von Herzog René II. von Lothringen letztendlich den fatalen Schlag ausgeführt hat. Überliefert wurde auch, der Leichnam Karls des Kühnen habe zwei Lanzenstiche, einen in den Oberschenkel und einen in den Unterleib sowie den Hieb einer Axt oder Hellebarde aufgewiesen, welcher ihm den Schädel gespalten habe. So steht es jedenfalls in den Chroniken. Ob die Schreiber, so wie ich, die Dramaturgie in den Vordergrund rückten und somit die eigentlich passierten Ereignisse abgewandelt haben oder sie sich an die effektiven Tatsachen hielten, wissen wir nicht und werden wir nie erfahren. Dass aber der Mann, der diesen tödlichen Schlag geführt hat, nicht überliefert wurde, ist für einen Geschichtenerzähler ein gefundenes Fressen und schon habe ich einen Helden erfunden, der diese Handlung letztendlich vollziehen durfte.

Dennoch, Einiges, das ich in meine Geschichte mit eingewebt habe, ist überliefert und wahrscheinlich auch passiert. So liess Herzog Karl von Burgund die Herzogin Jolanda von Savoyen wirklich entführen. Im Gegensatz zu der Befreiung durch unseren Helden Matthias, die ich aus Spannungs- und Dramatikgründen so aufgebaut habe, war die Entführung in Wirklichkeit erfolgreich und Jolanda verblieb über mehrere Monate in dunklen, kalten Verliesen einer von Karls Burgen. Sie starb auch tatsächlich zu jung (kurz vor ihrem 45. Geburtstag), wahrscheinlich an den Folgen dieser Einkerkerung. Die Entführung entstand deshalb, weil Karl das Bündnis Jolandas mit der Eidgenossenschaft als Verrat ansah. Jedoch schloss sie es, da ein eigener Vorstoss ihrerseits ins heutige Wallis (die Schlacht auf der Planta) misslang und nicht aufgrund der Überzeugung und ihrer Liebe zu irgendeinem einfachen Söldner.

Auf der anderen Seite ist über ihr Liebesleben nicht viel bekannt. Also, wer weiss …

Apropos Protagonisten: Viele der beschriebenen Personen sind historisch überliefert. Allen voran Hans Waldmann und Herzog Karl der Kühne von Burgund oder Louis XI., König von Frankreich, und dessen Ehefrau, Charlotte von Frankreich, und, wie oben schon erwähnt, ebenso Jolanda de France, auch genannt Yolande de Valois, Herzogin von Savoyen. Es ist übrigens ebenfalls überliefert, dass sie die erste Frau in Europa war, welche einen echten Tiger besass, den sie sich in Turin hielt! Das sagt Einiges über ihren Charakter aus.

Sie alle haben gelebt und ihre Spuren in der Geschichte Frankreichs, Deutschlands und der Schweiz hinterlassen.

Ob es einen Matthias von Altstetin (aus dem heutigen Stadtzürcher Kreis 9, Altstetten) gab? Vielleicht, vielleicht auch nicht. Jedenfalls gab es den Rang eines «Kapitäns» in den Reihen der eidgenössischen Söldner nicht. Es gab bei den italienisch sprechenden Truppen einen Capitano und bei den französisch sprechenden den Capitaine, beide Ränge entsprachen aber dem Hauptmann. Jedoch suchte ich lange (leider erfolglos) nach einem guten Rang, welcher unterhalb demjenigen des Hauptmannes lag, etwa dem heutigen Leutnant entsprechend, um die Stellung Matthias unterhalb derjenigen von Waldmann anzusiedeln. Man möge mir all diese kleinen Schwindeleien verzeihen.

Matthias, Sven und all die Söldner seiner Truppe sind ein Produkt meiner Fantasie. Und doch stehen sie stellvertretend für Tausende und Abertausende von Männern – und damit natürlich auch deren Frauen und Familien – egal auf welcher Seite, die für die Ambitionen ihrer Politiker, Könige und Herzöge und für ihren eigenen Wohlstand, ihre Freiheit, aber vor allem für gutes Geld kämpften und starben. Diesen Kämpfern ging es nicht um die Zukunft irgendeines Landes, um Wirtschaft oder Macht, sondern vor allem darum, ihr eigenes karges Dasein zu verbessern.

Und doch waren es genau diese einfachen Menschen, welche den Grundstein legten für das Europa, in dem wir heute leben.

Über den Autor

Antoine de la Fère wurde 1969 in Zürich–Altstetten geboren und wuchs dort und in näherer Umgebung auf. Schon als Kind liessen ihn Sagen wie diejenige von Roland, die Nibelungensage oder Arthus von Abenteuern der Ritter träumen und später kamen dann die Bücher von J. R. R. Tolkien, Bernard Cornwell oder George R. R. Martin hinzu.

Der IT–Projektleiter und ehemalige American Football–Nationalspieler lebt heute mit seiner Lebenspartnerin im ländlichen Aargau.

Tragen Sie sich in den Newsletter ein!

Tragen Sie sich in den Newsletter von *EK-2 Militär* ein, um über aktuelle Angebote und Neuerscheinungen informiert zu werden und an exklusiven Leser-Aktionen teilzunehmen.

Link zum Newsletter:
https://ek2-publishing.aweb.page

Über unsere Homepage:
www.ek2-publishing.com
Klick auf *Newsletter*

Via Google: *EK-2 Verlag*

Als besonderes Dankeschön erhalten Sie **kostenlos** das E-Book »Die Weltenkrieg Saga« von Tom Zola.

Deutsche Panzertechnik trifft außerirdischen Zorn in diesem fesselnden Action-Spektakel!

Erleben Sie packende Freibeuterabenteuer auf hoher See!

Link: https://www.amazon.de/dp/B0CK539Q96

Ihre Zufriedenheit ist unser Ziel!

Liebe Leser, liebe Leserinnen,

hat Ihnen unser Buch gefallen? Haben Sie Anmerkungen für uns? Kritik? Bitte zögern Sie nicht, uns zu schreiben. Wir werden jede Nachricht persönlich lesen und beantworten.

Schreiben Sie uns: info@ek2-publishing.com

Wussten Sie schon, dass Sie uns dabei unterstützen können, deutsche Militärliteratur sichtbarer zu machen? Bitte nehmen Sie sich einen Moment Zeit und bewerten Sie dieses Buch auf Amazon. Viele positive Rezensionen führen dazu, dass das Buch mehr Menschen angezeigt wird.

Sie können somit mit wenigen Minuten Zeitaufwand unserem kleinen Familienunternehmen einen großen Gefallen tun. Vielen Dank für Ihre Unterstützung!

PS: In seltenen Fällen kommt ein Buch beschädigt beim Kunden an. Bitte zögern Sie in diesem Fall nicht, uns zu kontaktieren. Selbstverständlich ersetzen wir Ihnen das Buch kostenlos.

Impressum

Eine Veröffentlichung der EK-2 Publishing GmbH

Friedensstraße 12
47228 Duisburg
Registergericht: Duisburg
Handelsregisternummer: HRB 30321
Geschäftsführerin: Monika Münstermann

E-Mail: info@ek2-publishing.com
Website: www.ek2-publishing.com

Cover/Umschlag: Silver Tales Graphic Design
Autor: Antoine de la Fère
Lektorat: Jill Marc Münstermann
Buchsatz: Jill Marc Münstermann

1. Auflage, Mai 2024

www.ingramcontent.com/pod-product-compliance
Lightning Source LLC
Chambersburg PA
CBHW051256160726
47994CB00003B/1199